Elfriede Suhr

Die Höhle

Elfriede Suhr

Die Höhle

Schicksal einer Deserteursfamilie

Silberburg-Verlag

Elfriede Suhr, 1934 in Oberndorf am Neckar geboren, arbeitete nach ihrer Volksschulzeit zunächst in einem Schwenninger Uhrenwerk, danach als Stepperin in einer Schuhfabrik und bei der Firma Kienzle in Oberndorf. Später war sie im Büro des kleinen Unternehmens tätig, das ihr Mann von ihrem Vater übernommen hatte. Sie ist seit 1958 verheiratet und hat zwei Kinder. 2007 begann sie, die Erinnerungen an das Höhlen-Leben ihres Onkels und das Schicksal ihrer Deserteursfamilie aufzuschreiben.

1. Auflage 2013

Umschlaggestaltung: Björn Locke, Nürtingen.
Fotos: Umschlag (kräftiges Bild), S. 74, 75: Wolfgang Strittmatter; S. 76–79: Archiv Elfriede Suhr; Umschlag (blasses Bild): Stadtarchiv Oberndorf am Neckar
Lektorat: Helmut Engisch, Oberndorf am Neckar.
Druck: Freiburger Graphische Betriebe, Freiburg.
Printed in Germany.

ISBN 978-3-8425-1238-2

Vorbemerkung der Autorin

In meiner Geschichte schildere ich eine wahre Begebenheit zur Zeit des Zweiten Weltkriegs, die mich mein Leben lang nicht mehr losgelassen hat.

Drei unvorstellbar angst- und gefahrvolle Jahre haben mein Onkel Eugen Löhrer und wir, die Familie seines Bruders Georg Löhrer, zwischen 1942 und 1945 erlebt und erlitten.

Mein Onkel diente als Soldat in Russland, beging Fahnenflucht, flüchtete sich zu uns und lebte in unserer Nähe, versteckt in einer Höhle im Wald.

Unsere Familie wurde in jenen schrecklichen Jahren ohne Unterlass überwacht, verhört, bespitzelt und mit der Todesstrafe bedroht. Erst nach der Befreiung durch französische Truppen am 19. März 1945 konnten wir wieder ohne Angst und menschenwürdig leben.

Drei Jahre lang galt für unsere Familie: schweigen oder sterben. Auch für mich, das kleine Mädchen, das eine Kindheit erlebte, die von Angst geprägt, aber auch von der Liebe seiner Nächsten erhellt war.

Alle Vorkommnisse und Begegnungen gebe ich so wieder, wie sie in meiner Erinnerung lebendig geblieben sind. Die Namen einiger Personen, die hier erwähnt werden, habe ich allerdings aus Rücksicht gegenüber deren Nachkommen geändert.

Ein herzliches Dankeschön geht an Monika Kochle, die mein handschriftliches Manuskript sorgfältig abgetippt hat, an Wolfgang Strittmatter, den Höhlenforscher, der die Höhle, in der mein Onkel drei Jahre gelebt hat, nach anstrengender Suche wiedergefunden hat, und schließlich an meine Tochter Gabi Suhr für ihre Unterstützung.

Der Deserteur

Auch als Kind weiß ich, dass Krieg ist. Flugzeuge dröhnen über uns hinweg, bei Fliegeralarm sitzen wir im Keller oder im Bunker und haben Angst vor den Luftangriffen. Obwohl mein Vater immer sagt, dass wir in unserer ländlichen Gegend nicht so sehr gefährdet seien wie die Menschen in den Großstädten. Trotzdem fürchten wir uns, denn ein hervorragendes Ziel für Bombenangriffe könnte die große Waffenfabrik sein. Aber die Fabrik wird samt dem ganzen Neckartal bei Fliegeralarm künstlich vernebelt. Das alles weiß ich jetzt schon. Aber die Methoden des Hitler-Regimes werde ich erst später kennenlernen.

Nach einem strengen und schneereichen Winter erwacht die Natur wieder zum Leben – mit all ihren Schönheiten. Die Luft erwärmt sich, und frühmorgens ist sie erfüllt von unermüdlichem Vogelgezwitscher.

Eine wohltuende Harmonie und ein Frieden sind in der Natur, aber Elend und Leid unter den Menschen. Das Ungeheuer, das die Menschen verunsichert und ängstigt, heißt »Krieg«! Wie und wann dieser endet, steht in den Sternen. So erleben wir das Frühjahr des Jahres 1942.

Wir, meine Eltern, mein 17-jähriger Bruder und ich, acht Jahre alt, wohnen in einem netten Einfamilienhaus in einer 1938 erbauten Wohnsiedlung, der Adolf-Hitler-Siedlung. Beim Haus sind ein schöner Nutzgarten und ein Stall für Kleinvieh. Darin leben zwei Ziegen, einige Hühner und Hasen, und bei uns im Haus wohnt eine ganz süße Tigerkatze.

Unsere Siedlung liegt auf der Höhe über einer lieblichen Kleinstadt und ist eingebettet in Hügel und Wälder. Weit drunten im Neckartal liegt noch ein Stadtteil. Dort steht die weltbekannte Waffenfabrik mit Tausenden von Beschäftigten. Es gibt bei uns also eine Talstadt, eine Oberstadt und den sogenannten »Berg«, auf dem wir wohnen.

Viele Männer und junge Burschen sind bereits zum Wehrdienst eingezogen worden. Manche sind schon vermisst, manche verwundet, manche auch gefallen. Mein Vater und mein Bruder hatten bis jetzt Glück, dass ihnen noch kein Stellungsbefehl ins Haus geflattert ist. Sie arbeiten in der hiesigen Waffenfabrik, mein Bruder als Mechanikerlehrling. In dieser Fabrik müssen fast Tag und Nacht Waffen hergestellt werden, da diese dringend im Kampf für den »Endsieg« gebraucht werden.

Mein Vater hat vier Geschwister – drei Schwestern und einen Bruder, der heißt Eugen und ist mein Lieblingsonkel. Er ist 38 Jahre alt, ledig und ein begeisterter Musiker. Er ist ein eiserner Regime- und Kriegsgegner. Trotzdem hat er, wie viele andere mit einer ähnlichen Einstellung, den Wehrdienst nicht verweigern können und dürfen. So ist er jetzt im Kriegseinsatz in Russland, und Vater macht sich große Sorgen um ihn. Wir haben nämlich schon lange nichts mehr von ihm gehört. Jeden Tag warten wir auf ein Lebenszeichen, aber es tut sich nichts.

An einem Abend, es ist Samstag, wache ich von einem Küsschen auf die Wange auf. An meinem Bett sitzt ein Mann in Uniform und sagt zu mir: »Grüß dich Gott, mein kleiner Schatz!« Ich kann es zuerst nicht glauben, aber ich sehe richtig: Es ist mein Onkel Eugen. Das ist eine Riesenfreude für mich, dass er uns in seinem Urlaub besucht. Ich darf noch einmal aufstehen und die Ankunft von Onkel Eugen genießen. Dann geht's wieder ab ins Bett, doch ich kann vor Freude lange nicht einschlafen.

Am Sonntagmorgen sitzen wir beim Frühstück. Ich darf neben Onkel Eugen sitzen und bin ganz stolz. Mein Vater erklärt mir, weshalb Onkel Eugen bei uns ist. Er sagt: »Onkel Eugen kann und will diesen Krieg nicht mehr mitmachen. Deshalb ist er heimlich von seiner Truppe abgehauen. Niemand darf ihn hier sehen. Kein Mensch darf erfahren, dass er bei uns ist. Wir werden ihm helfen und versuchen, ihn irgendwo zu verstecken.«

Von nun an wird mir immer und immer wieder eingepaukt, dass ich niemandem etwas sagen darf von Onkel Eugen. Er ist als Deserteur gemeldet und wird natürlich gesucht. Ganz sicher wird die Polizei bald bei uns auftauchen.

»Ich weiß nichts!«, muss ich zur Polizei sagen, wenn sie mich nach Onkel Eugen fragt. Auch dann, wenn die Polizisten mir etwas Schönes versprechen oder mir drohen: »Ich weiß nichts!«

Wenn es herauskommt, dass sich Onkel Eugen bei uns aufhält, werden wir alle erschossen. So muss die Haustür jetzt immer verschlossen sein, damit niemand unerwartet das Haus betritt. Und wenn es an der Türe klingelt, muss Onkel Eugen sofort in den Keller, so lange, bis die Luft wieder rein ist. Jedenfalls heißt es bei uns jetzt nur noch aufpassen und schweigen.

Und dann kommt das größte Problem mit Onkel Eugen: Wo und wie kann er sich verstecken? Und zwar so, dass er sicher ist und nicht entdeckt wird. Dazu muss alles so schnell wie möglich gehen, weil wir keine Stunde mehr vor der Polizei und vor einer Hausdurchsuchung sicher sind.

In diesem Fall, wenn sie an der Haustür klingeln, müsste Onkel Eugen auf der Hinterseite des Hauses zum Fenster hinausspringen und sich im nahen Wald verstecken.

Wenn sie aber das Haus umstellen, ist alles aus, und Onkel Eugen sitzt in der Falle.

Mein Vater und mein Bruder sind tagsüber bei der Arbeit. Ich gehe zur Schule, und Mutter hat im Haushalt viel zu tun. Der Garten macht reichlich Arbeit, und die Tiere müssen ja auch versorgt werden. Wenn sie außer Haus ist, hat sie immer den Hausschlüssel dabei, damit niemand das Haus betreten kann, in dem sich Onkel Eugen zurzeit aufhält.

Wenn Vater und mein Bruder von der Arbeit nach Hause kommen, wird diskutiert und beraten, was zu machen ist. Ein Versteck könnte in unserem Keller sein. Beim Bau unseres Hauses war darunter ein ziemlich großer Hohlraum, der dann mit Bauschutt aufgefüllt wurde. Da könnte man einen Schacht aufgraben, so groß, dass sich Onkel Eugen zur Not darin verstecken könnte. Oben drauf müsste eine unauffällige Abdeckung. Das wäre aber nur ein Unterschlupf in allerhöchster Gefahr. Sonst wäre Onkel Eugen bei uns in der Wohnung.

All das wird lange und ausführlich besprochen, aber nicht in die Tat umgesetzt. Es wäre einfach zu gefährlich, entscheiden die Männer, denn bei einer Hausdurchsuchung würde der Schacht ganz sicher entdeckt. Als ein nicht ganz schlechtes Versteck, überlegt man nun, würde sich auch ein Platz in unserem Kleintierstall anbieten zwischen den Hasenställen und einem Bretterverschlag.

Abermals gibt's lange Besprechungen, doch das Ergebnis heißt erneut: »zu gefährlich!« In unserer Straße wohnen nämlich einige hundertprozentige Parteigenossen, die uns bei der geringsten Vermutung oder Wahrnehmung verraten würden. Also muss ein Versteck gefunden werden, das außerhalb vom Haus und vom Garten liegt.

Was gibt es noch für Möglichkeiten, Onkel Eugen zu verstecken? Ein Versteck im Wald würde sich anbieten. Wälder und dicht bewachsene Abhänge gibt es zur Genüge in unserer Gegend. Könnte dort eventuell etwas Passendes entdeckt werden? Es müsste auf jeden Fall ein Platz sein, in dessen

Nähe irgendeine Möglichkeit zum Wasserholen besteht, denn Wasser ist für Onkel Eugen lebenswichtig.

Mein Vater und mein Bruder wissen drei Stellen im Wald, die in der Nähe von Wasserquellen liegen. Zwei Orte in der Nähe eines Brunnens und ein Platz, bei dem ein Quellbrunnen sprudelt. Die Männer diskutieren lange, ob nicht noch ein anderer Unterschlupf in Frage käme. Doch sie kommen auf keinen, der sicher genug wäre für Onkel Eugen. Es bleibt also nichts anderes übrig, als die drei Stellen im Wald aufzusuchen.

So gehen mein Vater und mein Bruder nach Feierabend zu dem am nächsten gelegenen Brunnen und erkunden dort die Umgebung. Sie suchen hangabwärts und hangaufwärts, sie steigen kreuz und quer durch den Wald, über Baumstümpfe, über Gestein und durch Gestrüpp. Doch sie haben keinen Erfolg. Nirgends ist eine Höhle oder ein anderer Unterschlupf zu entdecken. Enttäuscht kehren sie zurück.

Am nächsten Abend gehen sie zum zweiten Brunnen, der gleichfalls in der Nähe des Waldes liegt. Auch hier suchen sie die überwucherten Steilhänge ab. Dieselben Strapazen wie am vorherigen Abend, dasselbe Ergebnis: Alles umsonst – große Enttäuschung und Ratlosigkeit.

Jetzt gibt es noch eine Chance, den Quellbrunnen. Wenn die beiden Männer dort nichts Passendes finden, sind sie ratlos. Aufgeben können sie aber trotzdem nicht. Es muss auf Biegen und Brechen eine Lösung gefunden werden.

Onkel Eugen würde zu gerne an diesen Suchaktionen teilnehmen, aber das geht nicht. Er darf bei Tag unser Haus nicht verlassen.

Zum dritten Mal machen sich unsere zwei »Sucher« auf, diesmal in Richtung Quellbrunnen. Unterhalb dieses Brunnens fällt eine Wiese steil ab und dann kommt Wald, wie überall in dieser Gegend, und weiter unten liegt ein steiler, dicht bewachsener Abhang. Vater und Bruder durchstöbern auch diesen Bereich. Sie quälen sich durch fast undurchdringliches Dickicht und stehen plötzlich – es ist für beide wie ein Traum – vor einer Höhle. Beide sind sprachlos vor Freude.

Die Höhle ist ziemlich groß und von außen vollkommen unsichtbar. Und direkt über der Höhle liegt der Quellbrunnen. Ein besseres Versteck hätten sie nicht entdecken können. Allerdings ist der Zugang sehr problematisch, doch daran wird sich Onkel Eugen gewöhnen müssen. Über dem Quellbrunnen verläuft ein schmaler Feldweg, und circa 200 Meter davon entfernt steht ein Bauernhaus. Aber das muss in Kauf genommen werden. Es gibt keine andere Wahl.

Die zwei Glückspilze kommen glücklich und zufrieden von ihrer Entdeckungsreise wieder nach Hause. Auch Onkel Eugen ist ganz im Glück, dass die Sucherei nun erfolgreich beendet ist. Die beiden Entdecker haben sich den beschwerlichen Weg zur Höhle gut eingeprägt und wollen Onkel Eugen, sobald es dunkel wird, sein zukünftiges Heim zeigen. Er freut sich, dass er bald einen »festen Wohnsitz« hat, egal wo er liegt und wie er aussieht. Das Versteckspiel bei uns zu Hause ist einfach zu gefährlich.

Die Nacht ist hereingebrochen, und die drei Männer ziehen los in Richtung der Höhle. Beim Brunnen angekommen, steht mein Vater »Schmiere«, und mein Bruder führt den Onkel im Schein der Taschenlampe in sein zukünftiges Zuhause. Der ist ganz und gar begeistert von der Größe der Höhle, von der versteckten Lage und von dem so wichtigen Wasserspender, dem Quellbrunnen. Es ist das ideale Versteck. Aufpassen aber heißt es trotz allem, denn das Bauernhaus ist bewohnt, und auf dem oben vorbeiführenden Feldweg ist mit Spaziergängern zu rechnen. Da heißt es für den künftigen Höhlenbewohner: »Augen und Ohren auf!«

Die drei Männer kommen spät von ihrer Tour zurück. Meine Mutter hat Todesängste ausgestanden. Nun aber ist sie froh, dass die Höhlensucherei ein Ende hat und Onkel Eugen dort bald einziehen kann. Solange er noch bei uns im Haus ist und wir keine Minute vor einer polizeilichen Suchaktion sicher sind, hat sie keine Ruhe.

Lange wird jetzt beraten und besprochen, wie alles weitergehen soll. Was benötigt Onkel Eugen, um in der Höhle einigermaßen menschenwürdig leben zu können? Es wird alles aufgezählt und aufgeschrieben. Dann überlegen wir, wie sich all die Dinge auftreiben lassen.

Bald werden die Sachen zusammengetragen und in Säcke gepackt. Für mich ist es interessant zu erfahren, was man in einer Höhle zum Leben alles so braucht: einen kleinen Ofen, einen kleinen Tisch, einen Hocker, eine Matratze, Bettzeug, Waschzeug, Kochgeschirr, Essgeschirr, Schreibzeug, Werkzeug, eine Petroleumlampe, eine Taschenlampe, eine Gießkanne zum Wasser holen, ein Beil zum Holzmachen und natürlich Kleider. Die bekommt Onkel Eugen von Vater. Ganz wichtig sind auch Streichhölzer und noch viele andere Kleinigkeiten. Und Lebensmittel natürlich. Meine Eltern haben von allem, was der Onkel braucht, etwas eingepackt.

Allzu viel allerdings haben wir ja auch nicht, aber zur Not geht es schon. Im Herbst gehen Mutter und ich Ähren lesen, das gibt Mehl. Im Wald sammeln wir Bucheckern, das gibt Öl, nach Kartoffeln können wir auf den Feldern suchen, wenn abgeerntet ist. Eier haben wir von unseren Hühnern, Milch und Butter von den Ziegen und reichlich Gemüse aus dem Garten. So können wir uns einigermaßen durchschlagen und mit Onkel Eugen teilen.

Das Packen ist nun beendet, unser kleiner Handwagen ist mit einem Teil der Habseligkeiten beladen und abgedeckt. Noch einmal schläft Onkel Eugen bei uns im Haus. Morgen Abend werden Vater und mein Bruder die Fracht in die Höhle schaffen, anschließend wird der neue Bewohner dort einziehen.

Alle wissen, dass es schwierig und auch anstrengend sein wird, die Sachen zur Höhle zu schaffen. Der Hang im Wald ist wirklich steil.

Die beiden Männer gehen jetzt, den Handwagen hinter sich herziehend, ganz selbstbewusst durch die Straßen unseres Wohngebiets zum Feldweg beim Quellbrunnen. Dort halten sie zuerst einmal Ausschau, ob die Luft rein ist. Dann schleppen sie unter schwierigsten Bedingungen und bei äußerster Vorsicht das Mitgebrachte in die Höhle. Dreimal müssen sie diese Strapazen auf sich nehmen, bis alles in die Höhle geschafft und dort verstaut ist. Am Ende sind beide froh, dass alles ohne Zwischenfälle geklappt hat. Viel Kraft und Nerven hat sie diese Aktion gekostet. Das Schlimmste aber war die Angst, beobachtet oder entdeckt zu werden.

Onkel Eugen tut es leid, dass er nicht helfen konnte. Aber das wäre ganz unmöglich gewesen.

Die Höhle

Es ist nun so weit. Draußen ist es dunkel, jetzt wird er uns verlassen. Er verabschiedet sich mit vielen Dankesworten für alle Hilfe, und wir wünschen ihm alles, alles Gute. Viel Glück vor allem, und dass er gesund bleibt, denn eine ernsthafte Krankheit wäre für ihn eine Katastrophe. Vater begleitet seinen Bruder noch bis zum Brunnen, dann hält der zukünftige Höhlenbewohner Einzug in sein neues Heim. Wir aber wissen, dass wir ihn bald schon wiedersehen. Spätestens dann, wenn seine Lebensmittel zur Neige gehen.

Wie wird es ihm zumute sein in dieser Einsamkeit? Wie wird er heute Nacht wohl schlafen? Wird er Angst haben, wenn er so allein ist? Wird er frieren? Es wird doch kalt sein in seiner Höhle. Das sind die Fragen, die mich als Kind sehr beschäftigen. Ich kann mir beim besten Willen nicht vorstellen, wie mein Onkel in so einer Höhle leben kann.

Wird alles gut gehen? Wie lange wird oder muss er das alles aushalten? Alles ist so gefährlich und ungewiss. Wir können nur das Beste hoffen und schweigen.

Oft denken wir, dass unser Schicksal besiegelt ist, wenn die Deutschen den Krieg gewinnen. Doch daran glauben mein Vater und Onkel Eugen nicht.

Nach Onkel Eugens Auszug ist die Situation für uns immer noch gefährlich. Aber meine Eltern sind erst mal beruhigt, dass er jetzt nicht mehr bei uns im Haus ist. Die Nerven waren bei allen aufs Äußerste angespannt vor Angst.

Als Onkel Eugen erst ein paar Tage weg ist, kommt, was kommen musste, und womit wir schon lange gerechnet haben: Wir bekommen Besuch von der Polizei. Ein freundlicher

Polizeibeamter stellt sich vor und begründet sein Kommen mit der Suche nach Onkel Eugen.

Mein Vater ist bei der Arbeit und meine arme, tapfere Mutter muss jetzt Rede und Antwort stehen.

Ich stehe neben meiner Mutter, als der Polizist erklärt, dass der Bruder meines Vaters, Eugen Löhrer, seine Truppe mutwillig verlassen hat und als Fahnenflüchtiger gemeldet ist. Mutter gibt sich sehr erstaunt und total unwissend. Es hört sich sehr glaubwürdig an.

»Haben Sie in letzter Zeit ein Lebenszeichen von dem Gesuchten erhalten?«, wird Mutter gefragt. Sie sagt ganz ruhig: »Nein!«

»Haben Sie eine Ahnung, wo oder bei wem sich der Gesuchte aufhalten könnte?«

Meine Mutter sagt: »Nein!«

»Hat der Gesuchte außer seinen Verwandten noch gute Freunde oder Bekannte, mit denen er in Kontakt sein könnte?«

Meine Mutter sagt: »Nicht, dass ich wüsste.«

Nun wird Mutter darauf aufmerksam gemacht, dass auf Fahnenflucht und auch auf Beihilfe zur Fahnenflucht die Todesstrafe steht.

Dann fragt der Beamte noch nach Fotos vom Gesuchten. Mutter holt unser Familienalbum. Der Polizist nimmt alle Fotos, auf denen Onkel Eugen zu sehen ist, aus dem Album und steckt sie in eine Mappe. Das tut uns sehr leid.

Zum Schluss muss Mutter noch ein Formular unterschreiben zur Bestätigung, dass der Polizeibeamte bei der Suche nach dem Fahnenflüchtigen seine Pflicht erfüllt hat. Beim Verlassen unserer Wohnung greift er in seine Mappe, holt ein Bild von Onkel Eugen heraus, gibt es mir in die Hand und sagt: »Hier, kleines Fräulein, dieses Foto kannst du zum Andenken an deinen Onkel behalten. Und wenn du einmal etwas von ihm erfährst, dann erzählst du mir das, ja?« Ich sage ganz brav »ja«.

Unter der Tür verspricht er uns noch, wiederzukommen, wenn der Fall nicht bald aufgeklärt wird. Er verabschiedet sich, und Mutter ist wieder ein großer Stein vom Herzen gefallen. Über das Foto von Onkel Eugen freue ich mich sehr. Aber erfahren wird der Polizist natürlich nichts von mir, trotz des geschenkten Fotos.

Onkel Eugen kommt jetzt ab und zu, selbstverständlich nur bei völliger Dunkelheit. Bei Vollmond kann er seine Höhle nicht verlassen. Wenn er kommt, horcht er zuerst am Küchenfenster, ob keine fremden Personen bei uns sind. Dann klopft er so an die Tür, wie Vater und er es verabredet haben. Dann öffnet Vater ihm. Nun hören sie – den Kopf ganz dicht am Radio – einen ausländischen Nachrichtensender, obwohl das strengstens verboten ist. So sind sie immer über die aktuelle Kriegslage informiert.

Onkel Eugen ist mit seinem neuen Zuhause zwangsläufig zufrieden. Er hat sich in der Höhle so eingerichtet, dass er darin leben kann – wenn auch primitiv. Seine Tage aber sind unendlich lang in der Einsamkeit. Deshalb braucht er dringend etwas zu seiner Beschäftigung. Er bittet Vater um Lesestoff und um etwas Holz, Leim und Farben, damit er sich die Zeit sinnvoll vertreiben kann. Vater will das gern versuchen, aber einfach wird es nicht werden.

Bevor Onkel Eugen uns wieder verlässt in Richtung seiner Höhle, vergewissert sich Vater durch einen Rundgang um Haus und Garten, ob die Luft rein ist, ob nicht irgendwo jemand lauert. Dann erst kann Onkel Eugen mit seinem Rucksack auf dem Rücken heimwärts ziehen.

So vergeht Woche um Woche. Immer in der Hoffnung, dass alles gut geht, immer mit Todesangst im Nacken. Onkel Eugen kommt so alle zwei bis drei Wochen, bringt seine Wäsche zum Waschen mit und holt Lebensmittel ab. Und ganz wichtig sind für ihn die verbotenen Nachrichten. Inzwischen hat Vater ihm auch die gewünschten Sachen besorgen können. Darüber ist Onkel Eugen sehr froh, denn jetzt kann er sich mit Lesen, Basteln oder Schreiben die Zeit vertreiben.

Nun entschließt sich Vater, seine und Onkel Eugens Schwester, meine Tante Anneliese, zu besuchen. Sie wohnt vierzig Kilometer von uns entfernt. Ihr Mann, Onkel Arno, ist im Krieg, so lebt sie mit und für ihre zwei kleinen Söhnchen. Tante Anneliese ist eine liebe, vertrauenswürdige Person. Auch sie wurde, wie die beiden anderen Schwestern auch, schon von der Polizei wegen Onkel Eugen verhört. Sie macht sich große Sorgen, wo er sich wohl aufhält nach seiner Flucht aus Russland. Deshalb soll sie jetzt wissen, wo und wie ihr Bruder lebt.

Vater wird das Geheimnis lüften, denn er weiß, dass auf Tante Anneliese hundertprozentig Verlass ist. Sie ist zuverlässig und auch sie wird schweigen.

Den beiden anderen Schwestern, Mia und Erika, will Vater vorerst nichts verraten. Auch sie sind zwar liebenswerte Frauen, doch sind sie nicht so stark wie Tante Anneliese. Jedenfalls fürchtet Vater, dass sie vor Aufregung und Angst etwas von ihrem Wissen preisgeben könnten bei eventuellen Verhören oder Hausdurchsuchungen. Ein falsches Wort könnte alles zunichtemachen.

Natürlich machen sich auch diese Schwestern Sorgen um ihren Bruder. So versucht Vater, sie zu beruhigen. »Der Eugen hat das Richtige gemacht«, sagt er zu ihnen, »und er wird auch weiterhin das Richtige machen.«

Nun fährt Vater auf seinem Motorrad also zu Tante Anneliese und erzählt ihr unser Geheimnis. Sie ist zunächst natürlich vollkommen fassungslos angesichts dieser Neuigkeit, doch dann zeigt sie sich erleichtert und verspricht Vater, das Geheimnis eisern zu hüten. Auch sie hofft und wünscht mit uns, dass alles gut geht. Wenn möglich, möchte sie uns bald einmal besuchen, um Onkel Eugen zu sehen. Das aber geht vorerst nicht. Wir wollen nicht das geringste Risiko eingehen.

Auch seinem besten Freund Erich hat Vater unser Geheimnis anvertraut. Der kennt Onkel Eugen gut und würde ihn nie verraten. Mit Erich kann Vater überhaupt über alles reden. Er hat dieselbe politische Einstellung und ist absolut ehrlich und zuverlässig.

Im August 1942 flattert uns ein Brief ins Haus mit einer für uns sehr unerfreulichen Nachricht. Es ist der Stellungsbefehl für meinen Bruder. Auch er wird jetzt zum Kriegsdienst bei der Marine in Wilhelmshaven eingezogen. Meine armen Eltern, denke ich, jetzt haben sie auch noch diese Sorge zu allen anderen.

Ich bin ganz traurig, denn ich habe schrecklich Angst um meinen Bruder. Als Onkel Eugen die Nachricht erfährt, schimpft er, weil jetzt 17-jährige Burschen schon in den Krieg ziehen müssen. Am Abend des Abschieds von meinem Bruder kommt Onkel Eugen nochmal, um ihm Ade zu sagen. Beide wünschen einander alles Gute, viel Glück, und dass sie sich eines Tages gesund wiedersehen. Wir alle hoffen, dass diese Wünsche in Erfüllung gehen. Dann fließen bei allen die Tränen.

Auf meinem Schulweg muss ich immer wieder Dinge erleben, die ich nicht verstehe und die sich unauslöschlich in mein Gedächtnis einprägen. In unserer Nähe wird ein riesiges Loch ausgegraben. Es soll ein Wasser-Auffangbecken werden, sagen die Leute. Verrichtet wird diese Arbeit von unterernährten Männern in schwarz-weiß gestreifter Kleidung.

Das sind politische Strafgefangene, sagt Vater. Bewacht werden sie von einem uniformierten Aufseher, der die Arbeiter unablässig schikaniert. Er hat nur einen Arm. In der Hand seines einen Arms hält er eine Peitsche, mit der er immer wieder auf die kraftlosen Menschen einschlägt, wenn sie ihm nicht schnell genug arbeiten. Sie dürfen zu ihrer Notdurft nicht austreten, so läuft ihnen alles durch die Hose zu den Füßen hinunter und in den Matsch. Je nach Laune des Aufsehers bekommen sie dazu noch einen kräftigen Peitschenhieb auf den Rücken.

Es ist für mich unfassbar. Kann es sein, dass Menschen so herzlos und brutal sein können? Ganz schlimm finde ich auch, dass immer wieder Parteigenossen am Rand der Baustelle stehen und sich schadenfroh lachend mit dem Aufseher unterhalten.

Immer wenn ich nach Hause komme, erzähle ich meinen Eltern, was ich wieder Schreckliches gesehen habe. Und immer wieder frage ich sie, warum diesem Mann niemand die Peitsche wegnimmt? Vater sagt, dass dazu keiner eine Chance hat. Auch sie sind tief empört über das unmenschliche Verhalten des Aufsehers, von dem man sich später erzählte, er habe einen der Gefangenen sogar totgeschlagen.

In diesen Tagen bemerkt mein Vater, dass allabendlich nach Anbruch der Dunkelheit drei oder vier braun uniformierte Parteigenossen vor dem Haus hin und her patrouillieren. Er kennt sie, denn sie wohnen in unserer Straße. Und durch einen klitzekleinen Spalt in der Verdunklung beobachtet Vater auch, dass zum monotonen Aufschlag der Stiefel immer wieder eine Taschenlampe kurz aufleuchtet. Was hat das wohl zu bedeuten? Gilt diese Überwachung uns?

Das alles beunruhigt Vater sehr. Er muss Onkel Eugen unbedingt warnen. An dem Abend, an dem wir Onkel Eugen erwarten, packt Vater ein paar Lebensmittel in die Tasche und geht Onkel Eugen entgegen. Als sich die beiden treffen, erzählt Vater ihm, was sich in unserer Straße abends abspielt und dass Onkel Eugen in nächster Zeit wohl besser nicht mehr kommt. Er ist einverstanden. Die beiden verabreden nun einen Tag und Zeitpunkt, an dem Onkel Eugen wieder einen Versuch wagen soll. Für den Fall, dass die Parteigenossen noch immer auf der Straße patrouillieren, wird Vater ihm abermals entgegengehen und ihn warnen. Wenn ihm Vater aber nicht entgegenkommt, ist keine Gefahr.

Nach einer für meine Eltern sehr aufregenden Woche hat der Spuk endlich ein Ende. Die Parteigenossen sind abgezogen. Trotzdem beobachtet mein Vater weiterhin Abend für Abend, was auf der Straße vor sich geht.

Es ist wieder Normalität eingekehrt und wir hoffen, dass das auch so bleibt. Aber ein Rätsel sind uns diese nächtlichen Kontrollen noch immer. Galten sie uns? War es Routine oder wollten diese Herren nur zeigen, dass sie stets auf der Hut sind? Auch die Nachbarn stellen sich diese Fragen. Doch wissen auch sie keine Antwort. Wir geben uns natürlich ganz ahnungslos. Woher sollten gerade wir wissen, welche Gründe es für solche Kontrollmärsche geben könnte?

Insgeheim aber überlegen wir, ob die Nachtmarschierer vielleicht darauf hofften, dass Onkel Eugen ihnen einfach so in die Arme läuft? Aber so naiv, meinen wir, können selbst die nicht sein. So oder so – wir wissen es nicht und werden es sicherlich auch nie erfahren.

Inzwischen kommt Onkel Eugen wieder regelmäßig, um Nachrichten zu hören und uns von seinem Tageslauf zu erzählen. Er sammelt Holz für den Winter, er liest sehr viel, er zeichnet, er kocht und hält seine »Luxuswohnung« in Ordnung. Er hofft, dass der Winter nicht allzu streng und schneereich wird, denn wenn Schnee liegt, kann er wegen der Spuren nicht zu uns kommen. Auch eine andere Gefahr könnte der nahe Winter mit sich bringen. Wenn er seinen Ofen heizt, könnte der aufsteigende Rauch ihn verraten. Außerdem wird er bei hohem Schnee nicht den Hang hinaufsteigen können zu seinem Brunnen. Er muss sich dann mit abgekochtem Schneewasser begnügen. Es beginnt wohl also bald wieder eine sehr risikoreiche, entbehrungsreiche Zeit. Wieder einmal hoffen wir, dass alles gut geht.

Die Krankheit

Es ist ein warmer Septembertag. Ich komme vom Spielen von draußen nach Hause und habe Fieber. Also muss ich sofort ins Bett. Am Abend dann steigt das Thermometer immer höher, und mir geht es immer schlechter. Als Onkel Eugen kommt, setzt er sich an mein Bett, tröstet und streichelt mich. Nur nützt das alles nichts, es wird immer schlimmer. Ich bekomme Erstickungsanfälle und mein Vater lässt ganz schnell den Arzt kommen.

Bevor dieser da ist, bekomme ich von Onkel Eugen noch ein Küsschen. Als er mir gute Besserung gewünscht hat, geht er wieder. Dann kommt der Arzt. »Diphtherie«, sagt er nach einer kurzen Untersuchung, »es besteht höchste Ansteckungsgefahr.« Er sagt, dass sofort ein Luftröhrenschnitt gemacht werden muss. So nimmt er mich – es ist inzwischen Mitternacht – gleich mit ins Krankenhaus.

Jetzt haben meine armen Eltern zu allem anderen hin auch noch diese Sorge. Und hoffentlich hat sich Onkel Eugen nicht angesteckt! Ohne ärztliche Hilfe wäre das sein Todesurteil. Bald hängt ein Schild an unserer Haustür: »Eintritt verboten, Diphtherie!!!«

Mein Vater fährt natürlich auch mit ins Krankenhaus, er hält mich in seinen Armen, streichelt und tröstet mich. Trotzdem habe ich schreckliche Angst und weine in einem fort.

Im Krankenhaus angekommen, erwartet uns im Operationssaal schon ein Arzt, der bereit ist für einen Luftröhrenschnitt. Ich schreie wieder ganz fürchterlich und unaufhörlich. Vater will mich besänftigen, doch der Arzt sagt, er solle mich schreien lassen, so lange es nur geht. Schließlich konnte der Arzt gerade wegen meines Geschreis auf den Luftröhrenschnitt verzichten. Ich bekam wieder halbwegs Luft.

Nun komme ich in ein Zimmer, in dem schon vier Jungen liegen. Auch sie haben Diphterie, und noch viele andere Patienten im Krankenhaus leiden an dieser Krankheit. Es ist geradezu eine Epidemie.

Wäre Onkel Eugen jetzt da, könnte er sich im ganzen Haus frei wie ein Vogel bewegen. Kein Mensch wagt sich über unsere Schwelle aus Angst vor Ansteckung. Doch werden nun alle Zimmer des Hauses desinfiziert, und nach zwei, drei Tagen ist das Schild wieder verschwunden.

Ich liege jetzt schon lange im Krankenhaus, und mir geht es immer schlechter. Meine Mutter ist jeden Nachmittag bei mir, Vater kommt nach Feierabend, und sie sorgen sich so sehr um mich. Onkel Eugen lässt immer wieder Grüße ausrichten, von meinem Bruder bekomme ich ganz liebe Feldpostbriefe.

Eigentlich kann ich alles nicht mehr richtig wahrnehmen und werde immer schwächer. Ganz schlimm für mich ist, dass meine Eltern nicht zu mir an mein Bett kommen dürfen. Sie dürfen nur durch einen schmalen Türspalt mit mir sprechen, weil ich ja ansteckend bin. Ich muss viel weinen in diesen Tagen.

Nach sechs Wochen Krankenhausaufenthalt teilt der Chefarzt meinen Eltern mit, meine Überlebenschancen seien gleich null. Darauf packt mich mein Vater in Decken und nimmt mich auf eigene Verantwortung mit nach Hause. Zum Arzt sagt er: »Wenn unser Kind sterben muss, dann darf es daheim sterben.« Ich bin jetzt acht Jahre alt und wiege noch zwölf Kilogramm.

Meine Eltern hegen und pflegen mich Tag und Nacht. Sie tun das Menschenmöglichste, opfern sich völlig für mich auf. Ich muss einfach wieder gesund werden!!! Tatsächlich geht es in winzigen Schritten aufwärts mit mir, seit ich wieder zuhause bin. Gehen aber kann ich noch nicht, und wie ein Säugling muss ich gefüttert werden. Selbst beim Sitzen muss ich im Rücken gestützt werden.

Es ist der zweite November, der 43. Geburtstag meiner Mutter. Sie verspricht mir, dass Onkel Eugen am Abend kommt. Sie muss mir aber auch versprechen, dass sie mich weckt, falls ich dann schlafen sollte. Tatsächlich bin ich dann bald eingeschlafen. Also werde ich ganz sanft von Onkel Eugen geweckt. Lachend steht er vor mir, begrüßt mich ganz herzlich, aber in seinen Augen stehen Tränen. Das habe ich bei ihm noch selten gesehen. Weint er aus Freude, dass ich wieder zu Hause bin? Oder weint er, weil ich so ein kleines abgemagertes Häufchen Elend bin?

Er ist wieder so lieb zu mir. Bevor er geht, setzt er sich zu mir aufs Bett und erzählt mir eine schöne Geschichte. Dabei schlafe ich wieder ein. Als ich am anderen Tag aufwache, geht es mir schon viel besser.

Der Winter ist inzwischen eingezogen, es schneit und schneit ununterbrochen. Onkel Eugen kommt trotz Schneegestöber zu uns – nur etwas früher als sonst. Vater spricht ihn auf die Gefahr der Schneespuren an, doch Onkel Eugen sagt, dass die über Nacht, wenn er schon wieder längst in der Höhle ist, zuschneien.

Seine Besuche sind jetzt ganz vom Wetter abhängig. Es kann sein, dass er jetzt wochen- oder gar monatelang nicht kommen kann. Mit Lebensmitteln ist er immerhin gut eingedeckt, und Mutter gibt ihm auch noch so manches mit. Auf keinen Fall darf er jetzt seine Filzstiefel und seine Fellhandschuhe vergessen, die noch bei uns liegen. Die hat er von Russland mitgebracht und hält sie für das Beste, was es gegen Kälte gibt. Er behauptet, dass er mit diesen Stiefeln und diesen Handschuhen keine Minute kalte Füße oder kalte Hände haben wird. Wir hoffen, dass das stimmt.

Voller Stolz darf ich Onkel Eugen nun vorführen, dass ich schon wieder etwas gehen kann. Nur Schrittchen für Schrittchen und mit Hilfe meiner Eltern, doch immerhin. Wenn er das nächste Mal kommt, sagt Onkel Eugen, kann ich bestimmt wieder springen. Das wäre zu schön für mich und für alle.

Wichtige Nachrichten müssen jetzt noch abgehört werden.

Das Radiohören wird Onkel Eugen in seiner Einsamkeit sicher sehr vermissen.

Wenn Weihnachten schneefrei wäre – was fast unwahrscheinlich ist –, würde er gerne ein paar Stunden bei uns sein, sagt Onkel Eugen. Aber da müssen wir abwarten.

An Heiligabend ganz alleine, eingeschneit in einer Höhle, das stelle ich mir als Kind ganz schrecklich vor. Wo Weihnachten bei uns doch so schön ist.

Die beiden Männer unterhalten sich wie immer noch über die Kriegslage, dann will Onkel Eugen wieder aufbrechen. Mutter holt eine dicke, warme Decke und eine Wärmflasche, Vater etwas Lesematerial. Onkel Eugen wünscht uns allen schöne Feiertage, mir weiterhin gute Besserung, dann zieht er vollbepackt im Schneesturm wieder heimwärts. Schöne Weihnachten kann man ihm ja nicht wünschen, aber recht viel Glück bei all seinem Tun und vor allem natürlich Gesundheit. Immer wieder muss ich denken, wie schlimm es wäre, wenn Onkel Eugen krank würde. Niemand wüsste etwas davon, und er müsste ohne Hilfe in seinem eingeschneiten Verlies liegen. Wir hoffen alle, dass das nicht passiert.

Es sind noch ein paar Tage bis Weihnachten, und wir bekommen überraschend Besuch. Es ist der nette Polizeibeamte, den wir ja nun schon kennen. Er stellt Mutter dieselben Fragen wie vor Monaten, und er bekommt dieselben Antworten. Er entschuldigt sich sogar, dass er Mutter so kurz vor den Festtagen mit seinem Besuch belästigt, aber es sei eben die Pflicht, die er erfüllen muss. Mutter tut wieder ganz gelassen und sagt, dass sie das nicht stört und er jederzeit kommen könne. Dass sich meine Mutter so glaubwürdig verstellen kann, hätte ich nie gedacht. Aber sicherlich macht Angst auch Mut.

Der Polizist verliert kein böses Wort über Onkel Eugen und die Fahnenflucht. Er spricht noch lange mit mir über belanglose Sachen, wahrscheinlich aus Mitleid, denn ich sehe noch erbarmungswürdig aus. Egal aus welchem Grund er sich mit mir unterhält, ich finde ihn einfach nett und lustig. Er verabschiedet sich, wünscht uns schöne Feiertage, einen guten Rutsch ins neue Jahr und – wenn sich nichts ändert – ein Wiedersehen im Jahr 1943.

Er lässt Grüße an meinen Vater ausrichten und wünscht auch ihm alles Gute. Wenn dieser Mann wüsste, was in meiner Mutter vorgeht und was sie für Ängste aussteht, bis er das Haus wieder verlassen hat …

Winter

Die Weihnachtsfeiertage sind vorbei und das Jahr 1943 hat angefangen. Meine Eltern haben es uns an den Feiertagen recht schön und gemütlich gemacht, trotz der vielen Geduld und der Arbeit, die sie mit mir noch haben. Es liegt viel Schnee draußen, und Onkel Eugen konnte natürlich nicht kommen. Wir haben in diesen Tagen viel an ihn gedacht und über ihn gesprochen. Festlich war's ihm in seiner Höhle sicher nicht zumute. Schade, dass er nicht bei uns sein konnte.

Anfang Februar ist es inzwischen, und Onkel Eugen war bis jetzt noch nicht da. Es liegt noch sehr viel Schnee. Dass der hohe Schnee sein Kommen verhindert, weiß Vater gut, trotzdem ist er unruhig und wartet sehnsüchtig auf das Winterende.

Der Sonntagnachmittag bringt eine Überraschung für uns. Meine Lehrerin, das Fräulein Braun, besucht mich, was uns alle sehr freut. Wir trinken zusammen Tee und plaudern. Es ist richtig gemütlich. Sie erkundigt sich, wie es mir jetzt gehe, wie es mir all die Zeit ergangen sei, und freut sich, dass ich vielleicht bald wieder zur Schule kommen kann.

Aber das ist alles Heuchelei. Den wahren Grund für den Besuch der Lehrerin, die übrigens sehr fromm ist, erfahren wir gegen Ende der Unterhaltung. Sie bietet an, mir stundenweise Unterricht zu geben, weil ich durch meine Krankheit einen so langen Schulausfall hatte. Sie sagt, sie meine es nur gut mit mir, und die Nachhilfe sei für mich von Vorteil, wenn ich dann wieder in die Schule komme. Das alles wolle sie nur machen, weil sie mich so gern hat. Sie nehme natürlich kein Geld dafür, aber man könne sich mit Lebensmitteln erkenntlich zeigen. Dann könne sie auch öfters kommen.

Meine Eltern müssen das Angebot ablehnen und erklären der Lehrerin, dass auch wir nur das Allernotwendigste zum Essen haben. Deshalb könnten sie auf ihr Angebot nicht eingehen, so leid es ihnen auch sei. Dass Onkel Eugen von uns unterstützt wird, kann man ihr ja nicht sagen.

Die Reaktion von Fräulein Braun erstaunt uns: kurze Stille, dann Themawechsel. Jetzt erzählt sie, sie habe erfahren, dass ein Onkel von mir Fahnenflucht begangen habe und gesucht werde. Von wem sie das weiß, sagt sie aber nicht, obwohl Vater sie danach fragt.

Ich überlege, was das nun wieder zu bedeuten hat. Will sie uns oder speziell mir, dem Kind, etwas entlocken? Vater ist sehr misstrauisch, was eigentlich gar nicht seine Art ist, aber unsere Lage zwingt ihn dazu. Ich wünsche mir jetzt nur, dass Fräulein Braun dieses Thema später, wenn ich wieder zur Schule gehe, nicht vor der ganzen Klasse anschneidet.

Vater bestätigt ihr Onkel Eugens Fahnenflucht und auch, dass er gesucht wird. Kein Mensch aber wisse, wo er sich aufhält. Wir aber wissen, dass das Fräulein Braun in der Oberstadt wohnt und dass Onkel Eugens Höhle nur circa 700 Meter von ihrer Wohnung entfernt ist. Wenn diese neugierige Person das wüsste …!

Geschickt lenkt Vater das Gespräch auf ein anderes Thema. So hat die Ausfragerei über Onkel Eugen ein Ende. Es wird jetzt über die alltäglichen Begebenheiten gesprochen, und dann verlässt uns Fräulein Braun wieder.

Das Wort Nachhilfe ist bis zu ihrem Aufbruch nicht mehr gefallen, und Vater ärgert sich sehr über diese heuchlerische, eigennützige Person.

Ich nehme mir fest vor, mich ganz besonders anzustrengen, wenn ich wieder zur Schule gehen kann. Ich werde dem Fräulein Braun beweisen, dass ich auch ohne ihre Nachhilfe gut bin.

Meine Krankheit habe ich dank meiner lieben Eltern nun überwunden, ich bin wieder ganz gesund. Was sie für mich getan haben, kann ich nie wieder gutmachen – selbst wenn ich hundert Jahre alt werde. Ich kann jetzt wieder ohne Hilfe gehen, habe Appetit und habe reichlich an Gewicht zugelegt. Ich sehe wieder aus wie ein gesundes, normales Kind.

Mutter hat eine Hiobs-Botschaft für mich. Es geht um meine beste Schulfreundin Elfi. Mit ihr hatte ich einen Tag vor dem Beginn meiner Krankheit noch gespielt, und ich hatte mich sehr gewundert, dass sie nie einen Krankenbesuch bei mir gemacht hat, was eine große Enttäuschung für mich war.

Jetzt erzählt Mutter, dass Elfi zur gleichen Zeit wie ich an Diphtherie erkrankt und kurz vor Weihnachten gestorben ist, und dass meine Eltern diese Nachricht aus Rücksicht auf meinen eigenen erbärmlichen Zustand für sich behalten hatten. Ich will und kann das nicht glauben. So sehr habe ich mich darauf gefreut, sie wiederzusehen. Jetzt kann ich sie auf dem Friedhof besuchen. Es ist schrecklich für mich.

Mutter bringt mir nun eine wunderschöne, große, mit einem rosa Kisschen und mit einer Decke ausstaffierte Puppenwiege. Es ist ein Geschenk für mich von Elfis Mutter, und es soll ein Andenken an meine beste Freundin sein. Die Trauer um Elfi und die Freude über die schöne Wiege – das ist alles zu viel für mich. Ich weine nur noch.

Besuch von Onkel Eugen

Es wird Frühling, die Sonne scheint, und der Schnee schmilzt. Das sind die besten Voraussetzungen dafür, dass Onkel Eugen jetzt bald wieder zu uns kommt. Vater macht sich immer noch große Sorgen um ihn. Hat er den Winter gut überstanden? Ist er gesund? Lebt er überhaupt noch?

Trotz allen Ängsten, die mit seinen Besuchen aufs Neue auf uns zukommen, freuen wir uns darauf, ihn wiederzusehen, und ich ganz besonders. Frischer Proviant für ihn liegt schon bereit. Meine Eltern haben vorgesorgt.

Der schreckliche Krieg wütet überall und Vater meint, dass ein Ende noch lange nicht abzusehen sei. Er hofft inständig, dass er nicht einberufen wird. Mutter müsste dann mit all den Gefahren und Ängsten alleine zurechtkommen. Mein Bruder ist immer noch auf seinem Stützpunkt, was meine Eltern beruhigt. Er schreibt in jedem Brief: »Grüße an Fräulein Gerda!« »Gerda« ist der Deckname für Onkel Eugen.

Hurra, mein lieber Onkel Eugen ist wieder da! Er drückt mich an sich, küsst mich, ist sichtlich erfreut über meine Genesung und darüber, dass ich wieder springen kann, was er mir bei seinem letzten Besuch ja prophezeit hatte. Bevor er uns von seinem eingeschneiten Leben erzählt, muss Vater ihn zuerst über die aktuelle Kriegslage unterrichten und vor allem darüber, was der Geheimsender berichtet hat. Doch auch der konnte keine Hoffnung auf ein baldiges Kriegsende machen. Trotzdem hofft Onkel Eugen, dass er den nächsten Winter in Freiheit erleben kann.

Er klagt nicht bei seinem Bericht über den Höhlenwinter. Er musste zwar nicht hungern und auch nicht frieren, aber schön war es in seiner eingeschneiten Behausung trotzdem nicht. »Die Stille und die Einsamkeit«, sagt er, »das war das Schrecklichste. Kaum ein Sonnenstrahl, kein Vogel singt, kein Käfer kriecht vor oder in der Höhle herum, und zum Brunnen hinauf konnte ich nicht mehr – alles war wie tot.« Das einzig Schöne für ihn war – trotz aller Unannehmlichkeiten – die faszinierend friedliche Winterlandschaft.

Er hat sehr viel gelesen und gezeichnet in diesen einsamen Winterwochen. »Wenn man sich in so einer Situation nicht immer mit etwas beschäftigt, wird man verrückt«, sagt er, »da wird die Höhle zur Hölle.«

An Weihnachten habe er viel an uns, an seine anderen Verwandten und besonders an seine Kriegskameraden gedacht. Wie es denen wohl geht und ob alle gesund wieder nach Hause kommen?

Ansonsten ist Onkel Eugen gut gelaunt und voller Optimismus, wie immer. Er hat einen Kalender von 1942 mitgebracht. Darin ist für jeden Tag die Wetterlage notiert, darin hat er die Fortschritte bei seinen Bastelarbeiten aufgeschrieben und seine Besuche bei uns. Den Kalender soll Vater aufbewahren. Wenn Onkel Eugen alles gesund übersteht, sollen dies die Erinnerungen an sein Höhlenleben sein.

Vater hat ihm schon wieder einen Kalender für 1943 besorgt. Aber er hofft, dass darin möglichst viele Seiten leer bleiben. Die warme Decke und die Wärmflasche, die Mutter dem Onkel mitgegeben hatte, haben ihm gute Dienste geleistet. Am meisten aber schwärmt er von seinen Filzstiefeln. Er hatte darin keine Minute kalte Füße.

An den kalten Tagen hat er viel heißen Tee getrunken, aufgebrüht mit dem abgekochten Schneewasser. Lachend erzählt er von seinen selbst erfundenen Mahlzeiten – nicht schlecht, aber auch nicht weiter empfehlenswert. Onkel Eugen sagt: »Not macht erfinderisch, und wenn man Hunger hat, schmeckt alles.«

Das Lustigste an diesem Abend ist, dass Vater, wie schon oft, Onkel Eugen die Haare schneidet. Dass unsere Schere nicht die schärfste ist, erkennt man an den leidigen Zwischenrufen meines Onkels: »Das ist mehr gerupft als geschnitten!« Mutter und ich sitzen da und lachen nur noch. Vater schimpft, wir sollen mit unserem dummen Gelächter aufhören. Obwohl er sich das Lachen selbst kaum verkneifen kann. Den fertigen Haarschnitt kann man nicht gerade als professionell bezeichnen, aber es geht. Onkel Eugen sagt, er gefalle sich. »Bis zum nächsten Haarschnitt ist die Schere dann wieder geschliffen«, verspricht Vater.

Es war ein schöner Abend und Onkel Eugen ist glücklich, dass er einmal wieder unter Menschen, das heißt, mal wieder unter uns war. Für ihn war es höchste Zeit, dass der Winter zu Ende ging. Sein Brennholz neigt sich dem Ende zu, ebenso sein Lebensmittelvorrat. Frische Wäsche braucht er auch, doch Mutter muss zuerst die von ihm mitgebrachte schmutzige Wäsche waschen.

Jedenfalls hat Onkel Eugen alles gesund überstanden, und vollbepackt macht er sich wieder auf den Weg zu seiner Höhle. Schon von dem Moment an, da er unser Haus verlässt, sind wir wieder Gefahren und Ängsten ausgesetzt.

Wird auch weiterhin alles gut gehen und wie lange noch? Werden wir wieder überwacht, bespitzelt und verhört? Wird Onkel Eugen überhaupt noch offiziell gesucht? Wenn ja, wird uns der nette Polizeibeamte sicherlich wieder einen Besuch abstatten.

So vergehen die Tage und Wochen. Mein lieber Onkel hat sich schon lange nicht mehr bei uns sehen lassen. Vater macht sich Sorgen um ihn. Ist etwas passiert, liegt er krank in seiner Höhle? Vater kennt zwar den Weg dorthin, aber den Bruder dort aufzusuchen, ist zu gefährlich.

Gesund und munter taucht unser Höhlenmensch nach langer Zeit wieder bei uns auf und erzählt, warum er so lange fortblieb. Als er das letzte Mal von uns wegging, stand auf einmal ein kleingewachsener SA-Mann vor ihm, leuchtete ihm mit einer Taschenlampe ins Gesicht und sagte barsch: »Ihren Ausweis bitte!«

Mein Onkel erwidert ganz ruhig: »Jawohl, den können sie haben.« Er greift mit seiner rechten Hand in die linke Jackeninnentasche, tut so als ob, zieht die Hand wieder heraus und versetzt dem Herrn einen so wuchtigen Schlag, dass dieser umfällt.

Bis der SA-Mann wieder auf den Beinen stand, war Onkel Eugen schon über alle Berge. »Da bin ich«, sagt er, »um mein Leben gerannt.«

Nichts ist von diesem Vorfall an die Öffentlichkeit gekommen. Im Normalfall hätte der Unterlegene die Sache gemeldet und Anzeige gegen Unbekannt erstattet. Doch wollte er sich wahrscheinlich nicht vor seinen Parteigenossen blamieren.

Nun verstehen wir, weshalb Onkel Eugen so lange nicht kommen konnte. Er wusste ja nicht, dass die Sache so sang- und klanglos untergehen würde.

Ich gehe wieder zur Schule, und wer kommt auf mich zu, um mich mit einem Händedruck zu begrüßen? Unser lieber, netter Polizist, der natürlich ganz höflich wieder nach Onkel Eugen fragt. Kapiert der denn nie, dass ich nichts von meinem Onkel weiß? Er freut sich, dass ich wieder zur Schule gehen kann, lässt Grüße an meine Eltern ausrichten, sagt mir »Auf Wiedersehen« und geht seines Wegs. Jetzt wissen wir, dass die Suche nach Onkel Eugen noch nicht eingestellt ist.

Es ist Samstagabend, und wir erwarten Onkel Eugen. Es regnet in Strömen, so kommt er total durchnässt bei uns an. Vater bietet ihm an, bei diesem Wetter bei uns zu übernachten und am nächsten Abend erst wieder zur Höhle zurückzugehen. Onkel Eugen nimmt dieses Angebot sehr gerne an. Er zieht trockene Kleider von Vater an, unterhält sich noch einige Zeit mit uns, dann wird natürlich noch der Geheimsender gehört. Schließlich verkriecht er sich nach langer, langer Zeit wieder in ein normales, bequemes Bett. Dass er tief und gut schläft, hört man bald an den Geräuschen, die er von sich gibt. Er schnarcht, dass die Wände wackeln.

Sonntagvormittag. Mutter kocht, wir alle sitzen in der Küche und schauen ihr zu. Plötzlich klopft es, die Tür geht auf, und vor uns steht unser Nachbar, Herr Weber. Uns allen steht für einen Moment das Herz still. Herr Weber erkennt Onkel Eugen, geht auf ihn zu, begrüßt ihn herzlich und freut sich, dass er während seines Fronturlaubs den Bruder besucht. Die drei Männer unterhalten sich lange. Onkel Eugen muss von seinen Kriegserlebnissen erzählen, wie lange er noch Urlaub hat und Vieles mehr. Da fasst Vater den Entschluss, den Besucher in unser Geheimnis einzuweihen. Herr Weber ist zum Glück kein Parteigenosse und ein angenehmer Nachbar. Er verspricht, äußerste Diskretion zu wahren.

Was ist jetzt das Bessere, die Wahrheit oder die Lüge? Hätte Vater den Herrn Weber in dem Glauben gelassen, dass Onkel Eugen auf Fronturlaub ist, hätte dieser sicher der Familie und den Nachbarn davon erzählt. Jetzt weiß er die Wahrheit, und wir können nur auf seine Verschwiegenheit hoffen. Beide, Wahrheit und Lüge, sind voller Risiko. Und noch lange sitzt uns dieser Schock in den Gliedern.

Und wer hat eigentlich vergessen, die Haustüre abzuschließen, wo doch Onkel Eugen da war? Durch diesen Leichtsinn haben wir jetzt trotz Herrn Webers Versprechen einen fremden Mitwisser. Wird er sein Wort wohl halten?

Wassermangel und andere Schwierigkeiten

Es ist Sommer, und Onkel Eugen kommt immer etwas später am Abend als üblich, weil es draußen länger hell ist. Im Vergleich zu seinem Leben im Winter fühlt er sich jetzt richtig wohl in seiner Höhle. Er freut sich über die herrliche Natur, über die Vögel am Himmel über dem Wald, über die überall herumkrabbelnden Käfer. Einfach über alles, was die Natur an Schönheiten hervorbringt. Aber worüber soll er sich auch sonst freuen? Er sieht ja nichts anderes.

Vater macht sich Sorgen im Blick auf den kommenden Winter. Wenn Onkel Eugen den nochmals in der Höhle verbringen muss – was der Kriegslage wegen sehr wahrscheinlich ist –, sieht es ganz schlecht aus mit der Lebensmittelversorgung. Alles ist rationiert und knapp. Es wird fast unmöglich sein, Onkel Eugen den ganzen Winter über zu verköstigen. Meine Eltern möchten das ja gerne tun, aber was nicht geht, geht nicht.

Vater hat, wie immer, wieder eine gute Idee. Wir haben circa 16 Kilometer von uns entfernt weitläufige Verwandte, die Onkel Eugen auch kennt. Diese besitzen einen Bauernhof und können vielleicht helfen. Zuerst einmal will Vater mit dem Motorrad zu ihnen fahren, um herauszubekommen, wie sie politisch gesinnt sind. Er wird sagen, dass Onkel Eugen fahnenflüchtig ist und gesucht wird, von seinem jetzigen Aufenthaltsort aber wird er nichts erwähnen. Dann kommt es, je nach deren Reaktion, darauf an, ob Vater die Wahrheit sagen kann oder ob Onkel Eugens Aufenthaltsort verschwiegen bleiben muss. In diesem Fall muss Vater dann wieder eine Lösung suchen.

Er fährt also auf den Hof, tut so, als ob er einen ganz normalen Besuch mache, und wird freudig begrüßt. Während der Unterhaltung erzählt Vater von Onkel Eugens Fahnenflucht und von der Suche nach ihm.

Die Reaktion ist für Vater sehr erfreulich. Es herrscht in diesem Haus eine durch und durch ablehnende Haltung gegenüber dem NS-Regime. So erzählt Vater jetzt auch, wo sich Onkel Eugen aufhält und dass dessen Not der Grund für sein Kommen sei. Die Verwandten versprechen, dass sie meinen Onkel mit Lebensmitteln unterstützen wollen. Das sei für sie ganz selbstverständlich, und Vater fällt ein riesiger Stein vom Herzen. Sie würden Onkel Eugen sogar auf ihrem Hof unterbringen. Aber das wäre zu riskant. Es sind zu viele Menschen im Haus und ums Haus. Es wird nun vereinbart, dass Vater vor dem Winteranfang wiederkommt, um die Lebensmittel abzuholen und sie zu uns nach Haus zu schaffen. Dort kann sie Onkel Eugen dann abholen und in seine Höhle bringen.

Zum Abschied bekommt Vater eine mächtige Scheibe Schwarzwälder Schinkenspeck und einen Laib Bauernbrot geschenkt, was in dieser Zeit eine Delikatesse für uns ist. Onkel Eugen wird natürlich auch seinen Teil davon abbekommen.

So kommt Vater zufrieden und zuversichtlich wieder nach Hause. Eine Sorge hat er jetzt weniger. Onkel Eugen ist sehr erstaunt über das Hilfsangebot. Dennoch wäre es ihm lieber, den nächsten Winter außerhalb seiner Höhle zu erleben. Dieser Wunsch wird wohl unerfüllt bleiben.

Es ist ein herrlicher Sommer, zumindest für mich. Ich habe es geschafft und wurde trotz meiner langen Ausfallzeit in der Schule und ohne Nachhilfe von Fräulein Braun in die nächste Klasse versetzt, worauf ich mächtig stolz bin. Das habe ich wieder meinen Eltern zu verdanken, die mir sehr beim Lernen geholfen haben, trotz ihrer vielen Arbeit. Sie rackern sich ab von morgens bis abends. Vater tagsüber im Geschäft, abends dann im Garten und im Haus. Mutter ist mit der Hausarbeit, mit dem Garten und mit den Tieren beschäftigt. Dazu haben wir noch eine große Pachtwiese, und zeitweise arbeitet sie bei Bauern auf den Feldern. Ich helfe auch im Haushalt und im Garten, was ich so kann. Es ist nicht viel, aber Mutter ist froh darüber.

Die ganze Arbeit wäre von meinen Eltern leichter zu bewältigen, wären sie nicht immer durch diese sorgen- und angstvollen Gedanken belastet und das nun schon länger als ein Jahr. Wie lange dauert dieser Krieg denn noch, und wie endet er? Wird es ein Sieg für Deutschland oder wird es eine Niederlage? Eine Niederlage bedeutet für uns die Befreiung von den schrecklichen Ängsten, ein Sieg bedeutet für uns alle den Tod. Wird Onkel Eugen aber vor Kriegsende erwischt, dann ist für uns alles aus – egal ob Sieg oder Niederlage.

Auf mich kommt demnächst etwas zu, das ich abgrundtief hasse. Ich muss mit Mutter Ähren lesen gehen. Alles andere würde ich gerne tun, diese Arbeit jedoch ist für mich das Grauen. Obwohl ich nicht das einzige Kind auf den Stoppelfeldern bin, kann ich mich mit dieser langweiligen Ährensucherei nicht anfreunden. Da würde ich noch lieber bei meinem Onkel in der Höhle sitzen.

Die Polizei ist wieder in Aktion. Meine Eltern arbeiten im Garten, da kommt ein älterer Polizeibeamter – sehr groß, dickleibig und glatzköpfig. Hätte er nicht seine Uniform an, würde ich ihn für einen Clown halten. Ihm fehlt nur noch die rote Nase.

Er stellt sich meinen Eltern vor und begründet sein Kommen. Es ist immer das gleiche Ritual: Frage – Antwort, Frage – Antwort. Dieses Mal muss Vater Rede und Antwort stehen, worüber Mutter sehr froh ist. Es wird ein langes Gespräch, aber über alles andere als über Onkel Eugen. Die beiden sitzen auf unserer Gartenbank, Vater raucht sein Pfeifchen und es macht gar nicht den Anschein, als hätte dieser Mann an Onkel Eugen Interesse. Auch dieser Polizist hat nur seine Pflicht erfüllt und ist sichtlich froh darüber, dass jetzt Feierabend ist. Eigentlich ist er auch nicht unsympathisch, aber der jüngere, nettere, der uns früher besucht hat, gefällt mir einfach besser. Der Beamte verabschiedet sich mit dem Satz, den wir längst schon kennen: »Wenn sich die Sache nicht aufklärt, komme ich wieder.« Wenn der wüsste, dass Onkel Eugen noch an diesem Abend zu uns kommt …

Lachend, mit einem schönen bunten Waldstrauß in der Hand, steht mein Onkel wieder unter der Tür. Es soll ein Gruß von seinem Höhlenparadies sein. Das finden wir ganz lieb. Bald aber merken wir, dass ihm etwas Sorgen macht. Sein Brunnen hat ihn im Stich gelassen, es fließt kein Wasser mehr.

Wenn das zum Dauerzustand wird, ist es für ihn katastrophal. Im weiten Umkreis seiner Höhle gibt es weder einen weiteren Brunnen noch sonst eine Wasserstelle. Er müsste sein Wasser bei uns holen. Doch gilt nun zunächst: abwarten. Vielleicht geht ja auch jetzt alles gut. Viel erzählen kann uns Onkel Eugen nicht. Er erlebt ja nichts Neues in seiner Einsamkeit.

Die beiden Männer hören wieder ihren verbotenen Nachrichtensender und diskutieren lange über die Kriegslage. Die wird immer schlimmer, von überall her kommen nur schlechte Meldungen.

Onkel Eugen will wieder aufbrechen, zuerst aber muss noch etwas Geeignetes für den Wassertransport gefunden werden. Kanister oder abschließbare Gefäße gibt es bei uns nicht, also müssen zwei Gießkannen herhalten. Vater verstopft die Ausgießer mit Papier, füllt sie drei viertel voll mit

Wasser. So beladen, zieht mein armer Onkel heimwärts. Wie bringt er das Wasser bei Nacht wohl den steilen Abhang hinab in seinen Bau? Unvorstellbar – aber unser Höhlenmensch wird das meistern.

Vater begegnet einem in unserer Siedlung wohnenden Parteigenossen und grüßt ihn mit »Guten Tag!«. Dieser spuckt Vater auf die Füße und schreit ihn an: »Das heißt ›Heil Hitler‹!!!« In Vater kocht es, aber er darf sich ja nicht wehren. Als Nicht-Parteimitglied ist man der Willkür dieser machtbesessenen, fanatischen und brutalen Hitler-Getreuen gnadenlos ausgesetzt. Natürlich gibt es auch viele nette und korrekte Parteigenossen, aber die haben in dieser Zeit wahrscheinlich nicht das Sagen, weil sie sich nie so primitiv und taktlos verhalten würden. Vater vermutet sogar, dass dieser kleine Gernegroß – seiner Statur und seinem protzigen Getue wegen – derselbe ist, der von Onkel Eugen den Ausweis forderte und dann auf dem Boden landete.

Wenn Vaters Vermutung stimmt, dann hat der »Spucker« seine verdiente Lektion von Onkel Eugen erhalten, nur schon im Voraus.

Vater wird auch oft an seinem Arbeitsplatz aufgesucht, verhört und gewarnt. Die Suche nach dem Deserteur geht also ungebrochen weiter. Immer wieder stellen sich uns dieselben Fragen: Wie lange geht das noch, wie wird alles enden und werden die, die alles wissen, schweigen?

Der Einberufungsbefehl

Heute ist ein schwarzer Tag für uns alle. Vater wird zur Wehrmacht eingezogen, womit meine Eltern aber eigentlich schon lange rechnen mussten. Meine arme, arme Mutter!

Jetzt wird sie mit mir, mit den Sorgen und den schrecklichen Ängsten ganz allein zurechtkommen müssen. Auch Vater ist deprimiert, denn er hat Angst um Mutter. Wenn er nicht bei uns ist, hat sie keinen Menschen mehr, der sie unterstützen oder ihr helfen kann – weder bei der vielen Arbeit in Haus und Garten noch seelisch und moralisch. Ich habe meinem Papa ganz fest versprochen, dass ich auf Mama immer und überall aufpassen werde, worüber Vater, mir zuliebe natürlich, sehr froh ist. Mutter hat große Angst um Vater. Wohin kommt er wohl, wie wird es ihm ergehen, kommt er wieder gesund nach Hause? Wieder diese sorgenvollen, unbeantworteten Fragen.

Onkel Eugen ist hier, er ist total geschockt über Vaters Einberufung. Am liebsten würde er ihn in seinen Unterschlupf mitnehmen. Er weiß, wie schwer bald alles für Mutter sein wird, und verspricht Vater, künftig so selten wie möglich ins Haus zu kommen. Dann wird noch Vieles besprochen. Ein ganz wichtiges Thema sind die Touren zum Bauernhof. Vater muss zu den Verwandten fahren und einen ersten Besuchstermin für Onkel Eugen verabreden. Man muss Onkel Eugen einen Platz nennen, an dem er sich unbemerkt einfinden kann. Immerhin ist es jetzt schon Oktober, so muss jetzt allmählich für seinen Wintervorrat gesorgt werden.

Onkel Eugen bittet Vater wieder um Lesestoff. Vater besitzt sehr viele interessante Bücher, und Zeichenpapier braucht der Onkel auch. Vater will alles jetzt schleunigst erledigen. In zwei Tagen soll Onkel Eugen wiederkommen. Es wird das letzte Mal sein vor Vaters Abreise. Dann lauschen beide noch einmal den Geheimnachrichten. Die wird Onkel Eugen über die Wintermonate am meisten vermissen. Danach macht er sich mit vollgepacktem Rucksack wieder auf den Weg.

Das Brünnlein übrigens fließt wieder. Es hatte nur für zwei Tage gestreikt. Es ist eine wahnsinnige Erleichterung für unseren Höhlenbewohner. Was hätte er nur gemacht ohne Wasser?

Vater fährt also auf den Hof und regelt alles wie besprochen. Ein Termin für Onkel Eugens ersten Besuch wird verabredet. Und es wird der Platz gefunden, an dem sich Onkel Eugen durch Klopfzeichen bemerkbar machen soll. So, wie er es bei uns zu Hause macht. Dann geben die Verwandten noch wichtige Hinweise, wie und wo Onkel Eugen die weite Wegstrecke über Feldwege abkürzen kann. Vater ist sehr dankbar für die humane Einstellung dieser Leute. Wie würde es Onkel Eugen im kommenden Winter wohl ergehen ohne sie? Die Verwandten packen Vater noch einige Lebensmittel ein. Er bedankt sich im Voraus für alles Gute, das sie Onkel Eugen erweisen werden, und verabschiedet sich.

Zwei Tage sind vergangen. Onkel Eugen ist gekommen, um sich von Vater zu verabschieden – vermutlich für längere Zeit. Vater berichtet Onkel Eugen, was er mit den Verwandten vom Bauernhof besprochen und verabredet hat. Der erste Termin für seinen Besuch dort steht fest. Alles Weitere muss Onkel Eugen nun selbst regeln.

Nun schneidet Vater seinem Bruder nochmal die Haare. Die Stimmung ist dabei aber nicht so gut, wie sie sonst immer war bei dieser Prozedur. Auf die Frage von mir, wer dies in Zukunft mache, wenn mein Papa nicht mehr bei uns ist, sagt mein Onkel, dass er seine Haare einfach lang wachsen lasse oder sich selber eine Frisur zurechtschneide. Wenn er sich dann selbst nicht gefalle, rasiere er sich einfach eine Glatze. Dabei lacht er. Ich aber protestiere, denn es ist für mich eine grauenhafte Vorstellung, ihn ohne Haare auf dem Kopf bei uns sehen zu müssen. Dann solle er die Glatze wenigstens unter einer Mütze verstecken. Mit dem Versprechen, die Idee mit der Glatze zu vergessen, tröstet er mich. Und Mutter bietet ihm lachend ihre Hilfe beim Haareschneiden an. Garantieren aber könne sie dabei für nichts.

Zum letzten Mal, bevor Vater einrückt, wird zwischen den Männern alles Wichtige besprochen. Es ist eine längere, gedämpfte Unterhaltung, und es werden natürlich auch noch die Radionachrichten gehört. Als Onkel Eugen sich zum Aufbruch entschließt, spüre ich, wie schwer der Abschied den beiden Brüdern fällt. Wie tief die Gefühle sind, die sie dabei empfinden. Nachdem Onkel Eugen fort ist, steht Vater noch lange vor der Tür und schaut in die Nacht hinaus. Was in ihm jetzt wohl vorgeht?

Heute heißt es auch für uns Abschied nehmen. Das ist ein ganz trauriger Tag. Vater hat mit Mutter noch eine Menge zu besprechen. Seine größte Sorge ist die gefährliche Situation Onkel Eugen betreffend. Er will sich nicht vorstellen, was mit uns allen passieren könnte, würde die Sache auffliegen. Er gibt Mutter, wie schon oft in den letzten Tagen, gute Ratschläge und macht ihr Mut, weiterhin so stark zu bleiben wie bisher – auch ohne seine Anwesenheit. Ich muss ihm versprechen, dass auch ich in Zukunft standhaft bleibe, mich nirgendwo verplappere, mich von niemandem ausfragen oder bedrohen lasse.

Ich verspreche es hoch und heilig. Dafür nimmt Papa mich in die Arme und drückt mich ganz fest. Sicherlich hat er trotz meinem Versprechen große Angst. Vor allem Angst vor den Maßnahmen der Obrigkeit, wenn er nicht mehr bei uns ist.

Mir sagt er, dass er bald wieder zurückkomme. Bis dahin solle ich immer lieb sein, immer und überall auf Mama und auch mich selber aufpassen. Vater gibt sich ganz ruhig und gelassen. Er macht gute Miene zum bösen Spiel, um uns den Abschied nicht allzu schwer zu machen. Dann macht er mit mir noch einen Rundgang durch den Garten – immer in Begleitung unserer Tiger-Mieze – und schaut noch zu den Tieren im Stall. Nun aber heißt es aufbrechen.

Mutter und ich begleiten ihn zum Bahnhof, der ganz unten im Tal liegt. Auf dem Bahnsteig stehen schon einige Männer, die sich von ihren Frauen und Kindern verabschieden. Sicherlich haben die Männer dasselbe Reiseziel wie mein Vater.

Der Zug fährt ein, Mutter weint, auch ich muss weinen, und als mich mein Papa umarmt und küsst, sehe ich auch in seinen Augen Tränen. Das ist für mich das Schlimmste.

Noch viele gute Wünsche für alle, Vater steigt ein, der Zug fährt ab. Mutter und ich winken, bis die Lichter des letzten Wagens nicht mehr zu sehen sind. Jetzt sind Mutter und ich ganz allein. Sie hält mich fest an der Hand. So gehen wir wieder heimwärts, und ich muss immer noch weinen. Mutter tröstet mich, obwohl ich ganz genau weiß und spüre, dass auch sie traurig ist. Sie sagt mir, ich solle mich beruhigen, Papa werde bald wieder kommen und bis dahin würden wir beide schon alles schaffen. Das alles kann mich nicht trösten. Ich will jetzt nur noch heim zu meiner Miezekatze.

Vater kam zuerst in eine Kaserne in Konstanz, von dort geht es ab an die Front. Wir vermissen ihn so sehr, er fehlt uns überall. Mutter stürzt sich in die Arbeit, aber sie freut sich immer, wenn ich von der Schule komme, damit sie jemand zum Quasseln und zum Bemuttern hat. Ich darf jetzt neben Mutter in Vaters Bett schlafen, das ist für mich das Allerschönste. Das Allerschlimmste für mich aber ist, wenn wir nachts bei Fliegeralarm in den Keller oder in den Luftschutzbunker müssen. Dabei habe ich wahnsinnige Angst. Was ich nie hatte, als Vater noch bei uns war.

Trotz des Schnees taucht Onkel Eugen ganz überraschend bei uns auf. Er will schauen, wie es Mutter und mir geht, seit Vater weg ist. Trotz seiner eigenen Probleme macht er sich Sorgen um uns, natürlich auch um Vater und um meinen Bruder. Mit Lebensmitteln für die Wintermonate ist er notdürftig versorgt, zur Not sind wir ja auch noch da. Er war schon viermal bei den Verwandten und erzählt jetzt von diesen nächtlichen Gewaltmärschen.

Von den Strapazen, eine sechzehn Kilometer lange Strecke zweimal und auf dem Rückweg vollbepackt zu meistern, in der Dunkelheit den Weg zu finden und dabei stets wachsam zu sein, ob man jemandem begegnet. Er sagt, dass er jedes Mal total erschöpft war, doch auch froh, alles ohne Zwischenfälle geschafft zu haben.

Vorerst will er nun nicht mehr zu uns kommen. Einerseits vermutlich wegen des hohen Schnees und wahrscheinlich auch aus Rücksicht auf Mutter.

Nach einem Plauderstündchen und dem Abhören der Nachrichten geht er wieder – die langen, einsamen und lautlosen Wochen vor sich. Aber auch in der Hoffnung, dass er den nächsten Winter in Freiheit erleben kann. Was hält dieser Mensch noch aus, wenn der Krieg noch lange dauert?

Weihnachten feiert Mutter sehr schön mit mir, aber ich weiß, sie ist traurig. Vater ist im Krieg, mein Bruder ist im Krieg, Onkel Eugen ist in seiner Höhle, und täglich fordert der schreckliche Krieg seine Opfer. Es gibt nur noch schlechte Nachrichten.

Vater ist jetzt in Griechenland im Kriegseinsatz. Wie wird er, wie werden seine Kameraden wohl alles überstehen?

Wir und viele andere sitzen oft im Luftschutzkeller. Zum Glück blieb unser Städtchen bis jetzt von Luftangriffen verschont – aber was noch nicht ist, kann noch werden.

Verdächtigungen

Der Frühling ist eingezogen und mit ihm kommt auch Onkel Eugen wieder. Er hat den vergangenen Winter, wie auch schon den davor, nicht gerade leicht, doch immerhin gesund überstanden. Er freut sich, dass bei uns alles in Ordnung ist und Mutter keine besonderen Unannehmlichkeiten hatte.

Mitgebracht hat er einen auffällig ausgebeulten Sack, den er mir gibt. Ich solle schauen, was drin ist. Als ich das mache, traue ich meinen Augen nicht. Zum Vorschein kommt eine von Onkel Eugen gebastelte Puppenstube. Meine Freude ist unvorstellbar, ich kann es gar nicht fassen: vier Stühle, ein Tisch, ein Bett, ein Schrank, ein Klavier, zwei Fenster mit Vorhängen und ein kleines Bild an der Wand mit Blumen. Es ist ein Kunstwerk, das Onkel Eugen in seiner Einsamkeit geschaffen hat. Meine Mutter wusste davon, sie hatte ihm Kleinigkeiten wie Tapeten- oder Vorhangreste mitgegeben.

Gesagt hatte sie mir davon aber nichts, denn es sollte ja eine Überraschung geben. Die ist wahrlich gelungen. Ich freue mich riesig und bedanke mich immer wieder.

Jetzt darf natürlich wieder niemand erfahren, von wem ich diese Puppenstube bekommen habe. Wenn meine Freundinnen fragen, muss ich lügen: »Die habe ich von einer Tante geschenkt bekommen.«

Seinen ausgefüllten Kalender vom Jahr 1943 hat Onkel Eugen auch mitgebracht. Der wird natürlich mit dem letztjährigen gut aufbewahrt.

Endlich kann Onkel Eugen wieder Nachrichten hören, und er ist immer noch der Überzeugung, dass wir den Krieg verlieren, nur ist noch nicht abzusehen, wann.

Mit Lebensmitteln kann Mutter jetzt wieder notdürftig helfen, und wenn das nicht reicht, muss er ab und zu wieder den Bauernhof aufsuchen. Mit dem Nötigsten in seinem Rucksack wandert er wieder heimwärts.

Ein paar Tage nach diesem Besuch klopft es spätabends an unseren Schlafzimmerladen. Mutter öffnet ganz knapp das Fenster und fragt: »Wer ist da?«

Da sieht sie im schwachen Schein einer Taschenlampe drei braun uniformierte Männer, und einer von ihnen sagt: »Frau Löhrer, wir haben Sie für eine anständige Frau gehalten!«

Darauf entfernen sich die drei blitzschnell und ohne erkannt zu werden mit einem lautstarken »Heil Hitler!«.

Mutter steht wie erstarrt da. Was soll das schon wieder heißen?

Sie ahnt es. Onkel Eugen wurde gesehen und wird für Mutters Liebhaber gehalten. Diese Verleumdung muss sie jetzt auf sich beruhen lassen, ohne sich rechtfertigen zu dürfen.

Sicher wird deshalb jetzt schlecht über Mutter gesprochen: »Der eigene Mann an der Front, und die Frau amüsiert sich mit anderen Männern.« Wieder bleibt Mutter nur eins: schweigen.

Trotz allem ist diese Verleumdung noch das kleinere Übel. Besser, sie vermuten einen Liebhaber als den Deserteur.

Die Kriegslage wird immer schrecklicher. Sirenengeheul, Bombengeschwader über uns, Todesmeldungen von gefallenen Soldaten, ausgebombte Städte mit Tausenden von Toten, Frauen und Kinder, es ist der pure Wahnsinn.

Alle Frauen müssen jetzt in einer Filiale der Waffenfabrik Teilzeitarbeit leisten. Bestimmte Gewehrteile werden im Akkord durch die Maschinen geschleust, unter Aufsicht und unter dem Druck von hundertprozentigen Kriegsgewinnlern, die ihre Siegesbegeisterung lautstark kundtun. An der Wand hängt ein Transparent: »Der Sieg ist uns gewiss!« Deren Sieg wäre unser Tod!!!

Der meistgefürchtete Parteigenosse in unserer Straße ist wieder in Aktion, und wir können Onkel Eugen nicht warnen. Bei Dunkelheit marschiert er auf und ab und auf und ab, es ist zum Verrücktwerden. Ist es Routine für ihn oder hat er etwas beobachtet? Bis jetzt haben Onkel Eugen und wir alles einigermaßen überstanden. Es wird doch jetzt nicht noch etwas passieren!

Mutter hat wieder Lebensmittel für Onkel Eugen bereitgestellt, und er kommt auch wie erwartet. Es ist jetzt der Wonnemonat Mai, und er behauptet, dass er im nächsten Jahr um diese Zeit ein freier Mensch ist. Er glaubt und hofft sogar, dass dies schon vor dem Winter sein wird. Er klagt nie, aber nochmal einen Winter in der Höhle möchte er nicht erleben. Es muss schrecklich sein. Er träumt vom Geigenbau. Diese Idee will er, wenn er wieder in Freiheit ist, in die Tat umsetzen. Dafür macht er jetzt in seinem Bau Zeichnungen und verbringt damit seine Zeit.

Mutter erzählt Onkel Eugen vom nächtlichen Besuch der Uniformierten, und dass man ihn jetzt für ihren Liebhaber hält. So weiß er nun auch, dass er gesehen wurde.

Onkel Eugen tut das leid für Mutter, aber es ist auch eine Warnung für ihn. Er will nun noch seltener kommen. Ganz wichtig für ihn sind natürlich wieder die Nachrichten. Als er sie gehört hat, behauptet er wieder felsenfest, dass wir nicht siegen werden. Wie immer verabschiedet er sich dann mit den Worten: »Bleibt stark!«

Wir haben Onkel Eugen gerne bei uns, doch ist es für Mutter jedes Mal eine schreckliche Aufregung. Was ist, wenn die Parteigenossen Verdacht schöpfen, das Haus umstellen und eine Haussuchung machen? Seit Vater nicht mehr bei uns ist, lebt sie ununterbrochen in Todesangst, wenn Onkel Eugen da ist. Wie lange kann sie das noch mitmachen?

Meinen zehnten Geburtstag am 27. Mai 1944 haben wir ganz einfach gefeiert, Mutter hat es uns wie immer schön gemütlich gemacht. Wir haben ja nicht viel, aber sie macht aus dem Wenigen das Beste. Leider kann meine beste Freundin nicht mehr mit mir feiern. Sie fehlt mir sehr.

Wie meine Mitschülerinnen bin auch ich jetzt bei den »Jungmädels«. Das ist für alle Mädchen, die älter als zehn Jahre sind, Pflicht. Wir treffen uns einmal wöchentlich nachmittags in einem Raum, der mit dem Führerbild und mit Hakenkreuzfähnchen geschmückt ist. Betreut werden wir von zwei ganz netten Gruppenleiterinnen, die sehr lustig, aber auch sehr streng sein können.

Außer den sich ständig wiederholenden Pflichtübungen für einen perfekt ausgeführten Hitler-Gruß geht alles ziemlich locker zu und macht uns viel Spaß. Wir basteln, machen Spiele, singen, und demnächst machen wir eine Waldwanderung.

Meine Mutter hat gegen diese Treffen nichts einzuwenden. Sie hofft nur, dass ich nicht wegen Onkel Eugen angesprochen und ausgefragt werde – womöglich noch im Beisein aller anderen Mädels. Sicherlich sind unsere Betreuerinnen, die ja auch Parteigenossinnen sind, über Onkel Eugens Fahnenflucht informiert.

Mutters Befürchtungen sind aber unbegründet, denn um nichts auf der Welt werde ich unser Geheimnis preisgeben.

Wir bekommen einen Brief von Tante Anneliese, worin sie uns mitteilt, dass sie und Onkel Arno uns in der nächsten Woche besuchen werden. Onkel Arno hat nämlich Heimaturlaub. Von Onkel Eugen erwähnt sie nichts, aber Mutter weiß, dass die beiden den Bruder und Schwager treffen wollen.

Wir freuen uns riesig, und für Onkel Eugen wird es ebenfalls eine gewaltige Überraschung sein. Eigentlich müsste er jetzt, nach circa vier Wochen, wieder einmal bei uns auftauchen. Wenn alles klappt, verabredet Mutter mit ihm den Abend, an dem er dann wiederkommen soll zum Wiedersehen mit Schwester und Schwager.

Es hat tatsächlich wieder einmal geklappt. Onkel Eugen war hier und freut sich wahnsinnig auf den bevorstehenden Besuch. Nächsten Montag kommt er, es wird bestimmt ein herzliches Geschwister-Treffen. Hoffentlich geht nichts schief!

Tante Anneliese und Onkel Arno treffen schon am Sonntagvormittag bei uns ein. So, wie Onkel Eugen mein Lieblingsonkel ist, ist Tante Anneliese meine Lieblingstante. Also darf ich mich auf ein schönes Erlebnis freuen. Übrigens habe ich noch weitere zehn Tanten und Onkel. Aber diese beiden sind meine liebsten.

Bei herrlichem Sonnenschein sitzen wir im Garten, und es gibt viel zu erzählen. Natürlich freuen sich unsere Gäste riesig, dass sie auch Onkel Eugen treffen werden. Hoffen wir es!

Wie aus heiterem Himmel sagt Onkel Arno meiner Mutter, dass er nicht mehr zu seiner Truppe zurückkehren und zu Onkel Eugen in die Höhle ziehen wolle. Mutter glaubt an einen Scherz, doch ist es sein festes Vorhaben. Sie ist entsetzt und fragt ihn, ob er sich dessen bewusst ist, in welche noch größere Gefahr er uns alle damit bringt.

Tante Anneliese, die vergeblich gegen die Pläne ihres Mannes gekämpft hat, beruhigt Mutter. Sie meint, dass Onkel Arno so ein Höhlenleben nervlich sowieso nicht durchstehe – falls Onkel Eugen ihn überhaupt in seine Höhle mitnehmen würde. Onkel Arno hat sich das alles stillschweigend angehört. Dann sagt er ganz selbstbewusst: »Ihr werdet euch wundern.« Mutter ist sprachlos.

Onkel Eugen kommt, und die Wiedersehensfreude überstrahlt alles. Schade, dass Vater nicht dabei sein kann. Onkel Eugen muss von seinem Höhlenleben erzählen, und wie im Flug vergeht die Zeit bis Mitternacht. Plötzlich sind alle still. In diese Stille spricht Onkel Arno den von Mutter so gefürchteten Satz: »Eugen, ich will nicht mehr zu meiner Truppe zurück, bitte nimm mich mit in deine Höhle.« Wieder eine kurze Stille. Onkel Eugen lacht. Er kann es nicht glauben.

Onkel Arno aber bittet Onkel Eugen so überzeugend, dass er nach langem Zögern einwilligt, ihn probeweise in seine Wald-Villa mitzunehmen. Obwohl er Onkel Arno alle Risiken und Strapazen vor Augen geführt hat.

Zu Mutter sagt Onkel Eugen, sie brauche keine Angst zu haben. Er werde den starken, mutigen Mann bald wieder zurückbringen, weil der das nervlich ganz sicher nicht durchhalte. Nur hofft er, dass unterwegs nichts passiert. Nach langem Hin und Her und strengen Anweisungen von Onkel Eugen an seinen neuen Mitbewohner wollen die beiden aufbrechen.

Mit warmer Kleidung kann Onkel Eugen seinem Schwager fürs Erste aushelfen. Sollte Onkel Arno jedoch länger bleiben (was wir alle nicht hoffen), muss Tante Anneliese für Nachschub sorgen. Für Mutter wäre das auch noch zusätzliche Arbeit, und wie sähe es dann mit der Lebensmittelversorgung aus?

Mit guten Wünschen für uns alle und einem »Bleibt stark!« von Onkel Eugen ziehen die beiden in Richtung Höhle, in das neue Zuhause für Onkel Arno. Wieder ein Hoffen und Bangen, ob alles gut geht!

Tante Anneliese will noch ein paar Tage bei uns bleiben in der Hoffnung, den »Möchtegern-Höhlenbewohner« wieder mit nach Hause nehmen zu können. Worüber Mutter sehr froh wäre. Sie hofft und wünscht, dass Onkel Eugen uns und auch sich selbst nicht in noch größere Gefahren und Risiken verstrickt. Warum hat Onkel Eugen die Bitte von Onkel Arno eigentlich nicht einfach abgelehnt? Es ist alles nicht zu fassen!

Es kommt alles so, wie Tante Anneliese und Onkel Eugen es vorausgesagt haben. Nach zwei Tagen und Nächten sind die beiden wieder bei uns. Onkel Eugen sagt lachend, dass Onkel Arno die Höhlenprüfung nicht bestanden und er ihn fristlos entlassen habe. Seine Nervosität hätte er auch mit dem besten Willen auf Dauer nicht ertragen. Hinter jedem Baum hat Onkel Arno eine Gestalt stehen sehen, beim geringsten Geräusch bekam er Angstanfälle und Schweißausbrüche. Die Höhle hat er keine Minute verlassen und beide Nächte kein Auge zugemacht. Es war von Anfang bis Ende der reinste Schrecken für ihn. So ist die Sache klar: »Einfach höhlenuntauglich!«

Alle sind jetzt erleichtert, am meisten natürlich meine liebe Mutter. Es wäre unvorstellbar gewesen, ihr dieses Sorgenbündel auch noch aufzuladen. Sicherlich ist ihr jetzt ein großer Stein vom Herzen gefallen. Was ohnehin schon auf ihr lastet, reicht zur Genüge.

Onkel Arnos Wunsch, das Höhlenleben zu erkunden, wurde erfüllt, und auf die Idee, seine Truppe zu verlassen, wird er nie mehr kommen. Er ist geheilt, und nach Urlaubsende wird er wieder schön strammstehen.

Er ist ein sehr liebevoller, angenehmer und weltoffener Mensch, aber für ein so gefahrvolles, risikoreiches Abenteuer ist er einfach nicht stark genug.

Onkel Eugen kann nun wieder wie gewohnt allein heimwärts ziehen. Er verabschiedet sich von uns allen und wünscht seinem Schwager noch ein paar erholsame Tage vor seinem Urlaubsende. Die hat er sicher nötig.

Onkel Arno bedankt sich, verlegen lächelnd, bei Onkel Eugen für die Gastfreundschaft und versichert ihm, dass er diese unter solchen Umständen nie mehr in Anspruch nehmen werde. Ein herzliches »Auf Wiedersehen« und Onkel Eugen geht – sicherlich wie alle erleichtert – in Richtung seines Heims.

Onkel Arno verkriecht sich gleich ins Bett, er ist todmüde. Zwei Nächte ohne Schlaf und dazu noch all die Ängste und die nervliche Belastung – das alles hat ihn einfach erledigt. Sobald er ausgeschlafen hat, fährt er mit seiner lieben Frau wieder nach Hause.

Tante Anna

Die Bombenangriffe auf die Großstädte werden nun immer massiver, und Mutters Schwester Anna, die als alleinstehende Frau in Stuttgart wohnt, bittet Mutter brieflich, bei uns für einige Zeit unterschlüpfen zu dürfen. Unsere Gegend ist schließlich deutlich weniger von Luftangriffen bedroht. Mutter schlägt Tante Anna diese Bitte natürlich nicht ab. Und ich überlege, wie das dann wohl gehen wird mit Onkel Eugen.

Tante Anna ist zwar eine liebe, aber doch eine sehr labile und ängstliche Person. Jedenfalls darf sie nie und nimmer von Onkel Eugens Aufenthalt bei uns erfahren. Bei der ersten kritischen Situation würde sie, wenn auch ungewollt, alles zunichtemachen. Dass Onkel Eugen gesucht wird, sagt Mutter ihr allerdings, damit sie es nicht anderweitig erfährt. Etwa durch die uns immer wieder aufsuchenden Polizeibeamten.

Mutter in ihrer Gutmütigkeit kann jetzt nur wieder hoffen, dass alles gut geht. Wer sucht bei uns eigentlich noch alles Unterschlupf?

Wenn Tante Anna bei uns wohnt, gibt es natürlich zusätzliche Probleme. Mutter und ich dürfen uns in ihrer Anwesenheit nicht über Onkel Eugens Höhlenleben unterhalten. So gilt auch für daheim bald das Gebot des Schweigens. Onkel Eugens Lebensmittel muss Mutter dann heimlich zurücklegen und verstecken und auch darüber schweigen.

Seine Wäsche waschen und richten aber kann sie ganz sicher nicht heimlich. Da gibt es nun nur einen Ausweg: lügen. Mutter wird der Tante erzählen, dass sie für fremde Leute die Wäsche besorgt, um nebenbei etwas dazuzuverdienen.

Meine Mutter lebt nur noch in Angst, mit dem Schweigen, mit den Lügen und mit der Sorge um Vater, von dem wir schon lange nichts mehr gehört haben. Die einzige Erleichterung ist, dass mein Bruder noch auf seinem Heimatstützpunkt ist und die kleine Hoffnung, dass am Ende alles doch noch gut wird.

Inzwischen wohnt Tante Anna bei uns, glücklich und zufrieden in ihrem gemütlichen Mansardenzimmer. Onkel Eugen weiß noch nichts von ihrer Anwesenheit, und Mutter hat Angst vor seinem nächsten Kommen. Obwohl Tante Anna sagt, dass sie immer zeitig schlafen gehe, besteht die Gefahr, dass etwas schiefgeht. Vor allem dann, wenn Onkel Eugen etwas früher kommt als üblich.

Es ist eigentlich wieder an der Zeit, dass er auftaucht. Mutter stellt schon seit zwei Tagen bei Dunkelheit seinen Proviant unters Küchenfenster. Drin steckt die schriftliche Nachricht betreffs Tante Anna. Sollte sie sich bei seiner Ankunft in unserer Nähe aufhalten, ist er wenigstens mit Essbarem versorgt. Auch wenn er sich dann schleunigst wieder auf den Rückweg machen muss.

Zum dritten Mal stellt Mutter nun schon im Dunkeln das Lebensmittelpaket unters Fenster, in der Annahme, dass Onkel Eugen kommt. Es wird doch nichts passiert sein?

Tante Anna ist schon lange auf ihrem Zimmer. Sie fühlt sich bei uns recht sicher und geborgen.

Und jetzt passiert, was Mutter befürchtet hat. Tante Anna kommt ganz aufgeregt die Treppe herunter und berichtet – völlig außer sich – dass sich ein Mann ans Haus geschlichen habe, als sie am Fenster noch etwas frische Luft schnappte.

In diesem Moment klopft es am Fensterladen. Zwar ganz sachte, doch für Tante Anna hörbar. Mutter macht das Fenster auf und sagt nur: »Kommen Sie ein anderes Mal wieder!!«

Der ehrbaren Tante Anna ist deutlich anzusehen, welch ein Schock das für sie war. Sie schaut Mutter verächtlich an und sagt, dass sie so etwas nicht von ihr gedacht habe. Und sie wolle meinem Vater ins Feld schreiben, dass sein liebes Frauchen abends fremde Männer empfange. Ohne ein weiteres Wort, wütend und enttäuscht von ihrer Schwester, verzieht sie sich wieder auf ihr Zimmer. Ganz sicher ist ihr jetzt eine schlaflose Nacht beschert.

Jetzt hat Mutter auch in den Augen ihrer Schwester einen Liebhaber und kann sich nicht verteidigen. Sie muss wieder einmal schweigen.

Onkel Eugen ist mit seinen Lebensmitteln wieder heimwärts gezogen. Warum hat er eigentlich geklopft? Hat er das Paket übersehen oder wusste er nicht, was es bedeuten sollte, dass es unterm Fenster lag? Er wird's uns beim nächsten Besuch sicher sagen. Die Hauptsache aber ist, dass er wieder versorgt ist und jetzt immerhin weiß, dass Tante Anna bei uns ist und er noch vorsichtiger sein muss als bisher.

Er muss jetzt auf einem anderen Gartenweg zum Fenster schleichen, damit Tante Anna ihn nicht sehen kann, wenn sie mal wieder frische Luft schnappen muss. Und das wird sie in nächster Zeit ganz sicher machen. Schon allein aus Neugierde.

Dass sie meinem Vater von dem Herrenbesuch schreiben will, lässt Mutter kalt. Vater kennt ja diesen Liebhaber sehr gut.

Auf dem Schulweg gibt's für mich wieder mal eine Überraschung. Mein Lieblingspolizist sieht mich, kommt auf mich zu und begrüßt mich herzlich. Er fragt mich, ob ich ihn noch kenne, wie es mir so gehe, und er freut sich, dass ich in der Schule alles so gut geschafft habe. Ich warte darauf, dass er nach Onkel Eugen fragt, aber zu meiner Beruhigung fällt kein

Wort über ihn. Wahrscheinlich wurden andere Stellen mit der Suche nach dem Onkel beauftragt. Der Polizist verabschiedet sich von mir, lässt Grüße an Mutter bestellen, dann zieht er aus seiner Tasche ein kleines Etui mit zwei Bleistiften hervor und schenkt es mir. Voller Stolz und Freude zeige ich es meinen Freundinnen, die natürlich wissen wollen, woher ich den Polizisten kenne. Ich sage gelassen, er sei ein guter Bekannter unserer Familie. Sicherlich beneiden sie mich jetzt um unseren Bekanntenkreis.

Eine neue Hiobsbotschaft: Mutter wird auf die Behörde geladen und ihr wird kurz und bündig mitgeteilt, dass Vater seit Mitte Juli als vermisst gemeldet sei. Er war in Griechenland mit seiner Truppe zur Bewachung einer Eisenbahnlinie eingesetzt, dabei sei er spurlos verschwunden. In jener Gegend, erfährt Mutter weiter, gebe es viele Partisanen. Deshalb sei noch nicht geklärt, ob Vater ihnen in die Hände gefallen und verschleppt worden sei, oder ob er sich mutwillig von der Truppe entfernt habe. Doch werde aufgrund der Fahnenflucht seines Bruders angenommen, dass auch er desertiert sei, und deshalb werde meiner Mutter nun die Unterstützung entzogen. Was diesen Herren angeblich leidtue, doch hielten sie diese Maßnahme gleichzeitig für gerecht. Das ist die allergrößte Unverschämtheit, und Mutter muss sich alles widerspruchslos gefallen lassen.

Die können uns doch nicht einfach die Unterstützung streichen, denke ich, wenn sie nicht einmal genau wissen, ob Vater verschleppt wurde oder ob er abgehauen ist. Und falls er tatsächlich desertiert ist, hat er doch nur nach seinem Grundsatz gehandelt, den wir in- und auswendig kennen: »Für diesen unsinnigen Krieg will ich nicht sterben, viel weniger noch möchte ich andere Menschen töten müssen!«

So oder so – wir wissen es nicht.

Onkel Eugen ist wieder bei uns. Die kleine Nervensäge Tante Anna hat ihn nicht bemerkt, denn sie schläft schon selig. Die Provianttasche, erzählt Onkel Eugen, habe er bei seinem letzten Besuch zu spät bemerkt. Deshalb habe er ans Fenster geklopft.

Es geht ihm, wie immer, gut – notgedrungen gut. Er klagt nie, doch er sagt, dass er sich auch jetzt, im Sommer, dagegen wehren müsse, dass ihn die Einsamkeit in den Wahnsinn treibt.

Ein Glück, dass er sich die Zeit mit seinen Zeichnungen vertreiben kann, denn die sind ihm ganz wichtig. Außerdem liest er viel. Nachdem er die Nachrichten gehört hat, ist er nicht mehr so ganz davon überzeugt, dass der Krieg vor dem Wintereinbruch zu Ende ist. Von den Strapazen des Wegs zum Bauernhof, die er dann wieder auf sich nehmen muss, will er noch nichts wissen. Daran denkt er mit Grauen zurück.

Mutter bekommt kein Geld mehr, die Lebensmittel sind auch knapp, und so wird ihm nichts anderes übrig bleiben, als diese Qualen wieder auf sich zu nehmen. Onkel Eugen sagt, dass es eine bodenlose Frechheit sei, Mutter die finanzielle Unterstützung zu entziehen nur auf Grund von Vermutungen. Bei erwiesener Fahnenflucht von Vater wäre dies gerade noch akzeptabel. Nicht aber bei der schriftlich belegten Ungewissheit, ob Fahnenflucht oder Gefangenschaft. »Typisch NS-Regime«, meint Onkel Eugen.

Für ihn wie für uns ist es ganz schlimm, nicht zu wissen, was mit Vater passiert ist oder noch passieren wird. Wird jetzt auf uns alle noch mehr aufgepasst? Onkel Eugen geht etwas gedrückt wieder zurück. Die Sorgen um Vater stehen ihm ins Gesicht geschrieben, und für meine hilflose Mutter tut es ihm auch leid.

Mutter bekommt überraschend Besuch von einer überall bekannten, sehr unbeliebten Frauenschaftsleiterin. Diese will

Mutter mit langen Überredungskünsten zum Eintritt in die Frauenschaft bewegen, was Mutter ganz ruhig und entschieden ablehnt. Die anfänglich von dieser Frau an den Tag gelegte Freundlichkeit verwandelt sich zusehends in Rage. Sie verabschiedet sich wutentbrannt mit den Worten: »Eigentlich hätte ich mir den Weg zu Ihnen sparen können. Wir kennen ja Ihre Gesinnung, aber Frauen wie Sie werden später alle an die Wand gestellt – Heil Hitler!«

Also wieder eine Drohung, beim Endsieg umgebracht zu werden. Was muss meine arme Mutter noch alles mitmachen, und woher nimmt sie nur ihre Kraft? Trotz all ihrer Sorgen und Ängste ist sie für mich die liebste und fürsorglichste Mama, die es gibt, die immer und überall für mich da ist.

Tante Anna hat bis jetzt kein einziges Wort mehr über Mutters »Liebhaber« verloren, nur schnappt sie jetzt abends öfters frische Luft und lauert wie ein Luchs, um ihn wieder einmal zu entdecken. Pech für sie, denn der »Liebhaber« kommt zwar noch, jetzt aber später und auf einem anderen Schleichweg. Auf die Idee, dass sich der Zeitpunkt und die Anmarschstrecke geändert haben, kommt Tante Anna zum Glück nicht. Hoffentlich bleibt sie so naiv.

Onkel Eugen kommt und geht wie immer, doch Mutter ist immer froh, wenn er das Haus wieder ohne Zwischenfall verlassen hat. Womit wir natürlich zuerst an Tante Anna denken.

Mutter, Tante Anna und ich sitzen in der Küche, als es klingelt. Mutter öffnet die Türe und vor ihr stehen zwei SS-Leute. Wieder ein Riesenschock für sie. Kommen die wegen Vater oder suchen sie immer noch Onkel Eugen?

Nach einem zackigen »Heil Hitler!« begründet einer dieser Herren ihr Kommen mit der schon so lange ergebnislosen Suche nach Onkel Eugen. Mutter wird wie üblich wieder ausgefragt und dies in einem nicht gerade freundlichen Ton. Es hört sich alles sehr überheblich und bestimmend an.

Sie wird, wie schon so oft, aufs Neue speziell über die Folgen bei Fluchthilfe belehrt, die sie ja inzwischen zur Genüge kennt. Nach Mutters Versprechen, dass sie, sobald sie etwas von Onkel Eugen erfahre, dies sofort melden werde, verlassen die arroganten Parteigenossen unser Haus wieder. Natürlich mit »Heil Hitler!«.

Mutter ist wieder verzweifelt. Sie musste auch jetzt wieder die Starke spielen. Nun geht die Sucherei schon länger als zwei Jahre, und jetzt werden dafür auch noch die gefürchteten Hundertprozentigen eingesetzt. Wehe dem, der denen ins Netz geht.

Tante Anna hört ängstlich und wortlos diesem Verhör zu. Erst als wir wieder alleine sind, sagt sie: »Hoffentlich lässt sich der Kerl hier nie blicken.« Mutter beruhigt sie, dass dieser Kerl nie zu uns kommen werde. Wo sollte er auch wohnen, wenn er so eifrig gesucht wird?

Trotz der vielen Arbeit, die Mutter ohnehin schon hat, hat sie jetzt noch drei Putzstellen angenommen. Wir sind arm wie die Kirchenmäuse. Wir bekommen ja keine Unterstützung mehr, und das Wenige, das Mutter in der Fabrik verdient, reicht beim besten Willen nicht zum Leben für uns.

Tante Anna hilft Mutter im Haus und im Garten, und ich gebe auch mein Bestes. Aber das Schlimmste für mich kommt jetzt bald wieder auf mich zu: Ähren lesen!

Mutter muss Onkel Eugen nun sagen, dass er sich – falls der Krieg bei Wintereinbruch nicht zu Ende ist – abermals bei den Verwandten auf dem Bauernhof mit Lebensmitteln eindecken muss. Es tut Mutter sehr leid, aber sie hat keine andere Wahl.

Ununterbrochenes Sirenengeheul. Es hört sich schlimm an, und wir flüchten in den Keller. Das schreckliche Gedröhne der Bomber am Himmel, dann die unüberhörbaren Detonationen und nach kurzer Zeit wieder diese unheimliche Stille. Als die Bomber abgezogen sind, gehen wir auf die Straße, um zu erfahren, was passiert ist. Unser schönes kleines Städtchen wurde angegriffen, doch wurden zum Glück nur zwei Häuser getroffen und nur zum Teil zertrümmert. Das Ziel dieses Angriffs war zweifellos die Waffenfabrik. Doch die ist von den Bomberpiloten wegen der Vernebelung schwer auszumachen.

Helfer und Spitzel

Onkel Eugen sitzt bei uns, und wie immer ist Mutter voller Angst. Ich aber freue mich jedes Mal über seinen Besuch. Mutter weiß das. So darf ich, wenn Onkel Eugen da ist, wieder aufstehen – egal, wie spät es ist. Da er sich mit Vater jetzt ja nicht unterhalten kann, erzählt er mir von seinem Höhlenleben und von den Tierchen, die bei ihm leben. Ob das alles wahr ist, weiß ich nicht, aber es ist einfach schön, ihm zuzuhören. Auch ein für ihn sehr merkwürdiges Erlebnis erzählt er uns.

Er saß an seinem Höhleneingang und las in einem Buch. Auf einmal hörte er ein Geräusch im Gebüsch. Er schaute sich um und sah einen Hund auf sich zukommen. Es war ein Jagdhund. Onkel Eugen blieb ganz ruhig, rührte sich nicht, schaute dem Hund nicht in die Augen und sagte kein Wort. Der Hund schnupperte in der Höhle herum und ganz lange auch an Onkel Eugen. Dann ertönte ein Pfiff, und der Hund verschwand, ohne einen Laut von sich zu geben, wieder im Gebüsch.

Onkel Eugen vermutet, dass ein Jäger oder Förster mit seinem Hund auf dem Feldweg oberhalb der Höhle unterwegs war. Für ihn ist es ein Rätsel, warum der Hund nicht angeschlagen hat, als er ihn entdeckt hatte. Das ist doch normalerweise so. Für unseren Höhlenmenschen war das wieder einmal ein Riesenglück.

Doch musste das Glück Onkel Eugen kurz nach diesem Vorfall abermals zu Hilfe kommen. Eines Abends, als er wieder einmal auf dem Weg zu seiner Höhle durch unseren Garten schlich, den meine Eltern mit Kartoffeln und Gemüse bepflanzt haben, hörte Onkel Eugen plötzlich ein Geräusch im Gemüsebeet. Und er meinte, zwischen Kartoffeln und Krautköpfen eine Gestalt auf dem Boden liegen zu sehen. Trotzdem ging Onkel Eugen seinen Weg weiter und dann auf Umwegen zurück zur Höhle. Ob ihm an diesem Abend im Gemüsebeet jemand auflauerte oder ob er jemand beim Gemüsestehlen überraschte, hat Onkel Eugen nie erfahren. Vermutlich Ersteres, denn vom Gemüse fehlte am Tag danach nichts. Jedenfalls hat der Bericht von diesem Vorfall uns wieder einen gehörigen Schrecken eingejagt.

Jetzt aber interessiert sich Onkel Eugen vor allem dafür, was beim Luftangriff passiert ist. Von seinem Versteck aus war alles gut zu beobachten, nur die Einschlagstellen konnte er nicht ausmachen.

Onkel Eugen sagt, er wisse sehr wohl, dass Mutter ihn nicht den ganzen Winter über mit Lebensmitteln versorgen kann. Deshalb sei er vor kurzem schon einmal bei den Verwandten auf dem Bauernhof gewesen, um sie zu fragen, ob sie ihm weiterhin helfen könnten und wollten. Sie haben ihm, wie schon im vergangenen Jahr, ihre uneingeschränkte Hilfe zugesagt, wenn nötig auch für längere Zeit. Es wurde ihm sogar angeboten, dass er dort übernachten kann, wenn er spät in der Nacht ankommt. Sogar tagsüber wolle man ihn verstecken, damit er sich die Nacht darauf erst wieder auf den Rückweg machen muss. Das ist ein ganz großartiges Angebot, aber für beide Seiten sehr risikoreich.

Onkel Eugen ist wieder voller Optimismus. Wenn schon kein baldiges Kriegsende in Aussicht ist, so bleiben ihm nun wenigstens die Doppel-Nachtmärsche erspart. Die waren für ihn das Schlimmste im vorigen Winter.

Er ist erleichtert und dankbar für die ganz uneigennützige Hilfe, die für diese Verwandten ganz selbstverständlich ist.

Mutter ist froh, dass Onkel Eugen diese Sache von sich aus geklärt hat, so hat sie jetzt wenigstens eine Sorge weniger. Der Radiosender ist abgehört, es ist auch alles besprochen, und wieder zieht sich unser Einsiedler in seine einsame Höhle zurück.

Zurück bleibt die Frage, wie lange ein Mensch dieses Einsiedlerdasein aushält, und wie lange Mutter noch mit dieser Belastung leben kann. Außerdem bleibt das Rätsel, wie alles für uns ausgehen wird und ob alles geheim bleibt bis zum Kriegsende. Verlieren wir tatsächlich den Krieg, wie Onkel Eugen felsenfest behauptet? Lebt Vater noch?

In unserer Siedlung gibt es ein Lager mit polnischen Zwangsarbeitern. Frauen, deren Männer an der Front sind, können auf Antrag die Hilfe dieser Menschen für schwere Arbeiten in Haus und Hof in Anspruch nehmen. Auch Mutter möchte diese Hilfe beantragen. Zum einen kann sie Hilfe sehr gut brauchen, zum andern möchte sie einen aus seiner Heimat zur Zwangsarbeit verschleppten Menschen gern ein paar Stunden in der Woche das Gefühl von Freiheit und Menschlichkeit spüren lassen.

Sie stellt bei der Lagerverwaltung einen Antrag mit den Angaben über die anfallenden Arbeiten. Sie schreibt eine Unmenge solcher Arbeiten auf, um für unseren zukünftigen Helfer möglichst viele Stunden zu gewinnen. Sie bekommt eine Zusage, und in den nächsten Tagen wird sich dieser Mann in deutscher Begleitung vorstellen, denn ohne Begleitung darf und kann kein Zwangsarbeiter das Lager verlassen.

Wie Onkel Eugen warten ja auch diese armen Menschen auf ihre Befreiung, und wehe auch ihnen, wenn wir den Krieg gewinnen.

Während eines Gesprächs zwischen Mutter und Tante Anna fragt diese auf einmal Mutter, ob sie keine Herrenbesuche mehr bekomme. Mutter verneint dies energisch, worauf Tante Anna sagt, sie habe meinem Vater vom nächtlichen Vorfall damals geschrieben. Mutter sagt, das sei nicht schlimm, Vater würde ihr das verzeihen.

Mit dieser Antwort hat Tante Anna nicht gerechnet. Sie ist geschockt und wird diesbezüglich sicher keine Fragen mehr stellen.

In dem Betrieb, in dem Mutter arbeiten muss, kommen einige Herren zur Inspektion. Zur Begrüßung bei strammer Haltung natürlich mit »Heil Hitler«!

Der höchstrangige dieser Herren, groß und korpulent, hält eine lange, eindringliche Rede. Er redet selbstbewusst und zeigt sich vollkommen vom baldigen Endsieg überzeugt. Er beschwört die Beschäftigten, alles Menschenmögliche zu leisten für Führer, Volk und Vaterland.

Am Ende seiner Rede spricht er das Thema Fahnenflucht an. Mutter befürchtet, dass er damit auf unsere Familie anspielt. Er erklärt, was wir schon zur Genüge eingepaukt bekamen. Bei der Festnahme von Fahnenflüchtigen, Mitwissern und Mithelfern werde das Todesurteil augenblicklich ausgesprochen und vollstreckt. Mutter hofft inständig, dass er nicht sie persönlich oder unsere ganze Familie erwähnt. Er tut es nicht. Dennoch ist Mutter überzeugt davon, dass diese kurze Drohrede vor allem ihr gegolten hat.

Man sieht ihn nicht mehr, doch das hysterische Geschrei unseres pflichtbewussten Parteigenossen lässt sich nicht überhören. Er kontrolliert bei Dunkelheit Haus für Haus in der Siedlung, ob alle Verdunklungsvorschriften beachtet werden. Entdeckt er nur den kleinsten Lichtspalt, hämmert er an Türen oder Fenster und schreit wie ein Verrückter »Licht aus!«.

Mit diesem Gebaren möchte dieser Mensch seine Mitbürger einschüchtern und seine Überlegenheit demonstrieren.

Zu unserem Glück macht er seine Kontrollen zeitlich so, dass er Onkel Eugen nicht in die Quere kommt. Ihn zu erwischen, wäre für diesen Spitzel der Höhepunkt seiner Karriere.

Unser polnischer Helfer ist jetzt mit seinem deutschen Begleiter bei uns eingetroffen. Er heißt Domanski. Er darf jeweils für drei Stunden bei uns bleiben. Bleibt er länger, muss Mutter dies schriftlich begründen.

Als der Begleiter geht, sagt er zu Mutter: »Ich hoffe, Sie werden mit diesem Mann zufrieden sein. Lassen Sie die Zügel nicht zu locker!«

Domanski ist ein sympathischer, junger, etwas schüchterner Mann. Bevor Mutter ihm seine Arbeit zuweist, unterhält sie sich – so gut es geht – bei Tee und belegten Brötchen mit ihm. Einfach so, um ihn etwas kennen zu lernen. Er ist sehr zurückhaltend im Gespräch. Sicherlich ist er noch unsicher und auch misstrauisch, trotzdem ist er sehr freundlich.

Er verrichtet seine Arbeit – Holz sägen zum Beispiel – sehr zufriedenstellend. Nach einem deftigen Vesper, das ihm sichtlich schmeckt, geht er wieder zurück in sein erbärmliches Barackenleben.

Mutter ist sehr froh über die Hilfe bei Arbeiten, die viel zu schwer für sie sind und die sie bisher dennoch alle selbst bewältigen musste. Und das, obwohl sie trotz ihrer inneren Stärke ein kleines zierliches Persönchen ist. Domanski wird jetzt regelmäßig kommen, was er sicherlich nie wird bereuen müssen.

Onkel Eugen ist wieder bei uns, denn er muss unbedingt Nachrichten hören. Diese bestärken ihn in seiner Zuversicht auf ein baldiges Kriegsende. Ihm ist zwar klar, dass er den kommenden Winter nochmal in der Höhle verbringen muss, aber seinen Äußerungen merkt man an, dass er schon Pläne geschmiedet hat für den nächsten Sommer in Freiheit. Allerdings ist jetzt erst September, und der Winter kann lang werden. Aber es gibt die Hoffnung auf ein neues, freies Leben. Und die gibt Onkel Eugen wieder die Kraft, die einsame und trostlose Zeit in seiner Höhle zu überstehen.

Wir müssen jetzt für alle hoffen, dass vor dem von Onkel Eugen prophezeiten baldigen Kriegsende nicht noch etwas Schreckliches passiert. Wir müssen hoffen, wie wir es schon mehr als zwei Jahre lang tun.

Er erzählt von seinen Holzsammel-Aktionen, von seinen Geigenplan-Zeichnungen, vom herrlich herbstlich-bunt gefärbten Wald und von der trotz allem so schrecklichen Einsamkeit. Seelisch und moralisch hat er sich schon auf die kommenden Nachtmärsche auf den Bauernhof eingestellt, die er demnächst antreten wird. Ein Glück und Trost für ihn ist, dass er dort jetzt auch übernachten kann.

Um Vater macht sich Onkel Eugen wie wir große Sorgen. Wir haben noch immer kein Lebenszeichen von ihm. Er hofft nur, dass Vater nicht den Partisanen in die Hände gefallen ist.

Dass Mutter jetzt Hilfe von dem polnischen Helfer hat, freut Onkel Eugen sehr. Zumal er weiß, dass es ihm bei uns gut geht und Mutter bei ihrer Arbeit sehr entlastet ist.

Mutter erzählt Onkel Eugen auch von den abendlichen Kontrollen des Parteigenossen, der dauernd in der Siedlung herumschreit. Worauf Onkel Eugen meint, dass der bald ausgebrüllt habe. Bis dahin aber sei gegenüber diesem Menschen äußerste Vorsicht geboten.

Onkel Eugens Ruhe und Gelassenheit sind unbegreiflich. Oder spielt er das alles nur, damit Mutter stark bleibt? Sie muss doch wirklich bald am Ende sein mit ihrer Kraft.

Das sorgenfreieste Leben in unserem Haus hat Tante Anna. Dabei hilft sie Mutter eigentlich viel, ist sehr lieb zu mir, geht abends bald in ihr geliebtes Bett und hört und sieht von all den Gefahren nichts.

Onkel Eugen nimmt sich vor, dass er sich, wenn alles gut geht und er frei ist, sich bei ihr als Mutters Liebhaber vorstellt. Ob er das dann tatsächlich tun darf, muss Mutter entscheiden. Es könnte bei Tante Anna unter Umständen einen Ohnmachtsanfall auslösen.

Mutter holt jetzt noch Onkel Eugens Wäsche und ein paar Lebensmittel. »Auf Wiedersehen und bleibt stark«, sagt er zum Abschied, gibt mir ein Extra-Küsschen und zieht wieder heimwärts.

Meine Mama arbeitet und arbeitet. Sie ist so fleißig und tapfer und trotz allem immer ausgeglichen und besonders liebevoll zu mir. Doch wie es in ihrer Seele aussieht, weiß ich als Zehnjährige noch nicht.

Wir bekommen Besuch von Vaters Freund, und Mutter freut sich sehr darüber. Er muss immer noch in der Waffenfabrik arbeiten. Er macht sich Sorgen um Vater und erkundigt sich, ob wir noch kein Lebenszeichen von ihm erhalten haben. Auch will er wissen, wie Mutter mit allem zurechtkommt. Er tröstet sie mit seiner Überzeugung, dass Vater das Richtige gemacht hat und gesund wieder nach Hause kommt. Was er wohl meint mit seinen Andeutungen über Fahnenflucht? Aber vielleicht hat er ja Recht. Schließlich kennt er Vaters Einstellung.

Während der Unterhaltung holt er ein Kuvert aus der Tasche und gibt es Mutter. Darin sind 250 Mark. Er hat das Geld in der Fabrik bei gleichgesinnten Arbeitskollegen gesammelt. Alle wissen, dass Mutter keine Unterstützung mehr bekommt. Das ist eine große Überraschung für Mutter. Sie kann es kaum fassen und freut sich natürlich riesig.

Mit im Kuvert liegt eine Karte mit guten Wünschen für uns und mit den Unterschriften der Kollegen. Mutter bedankt sich unter Freudentränen. Es tut ihr so gut, dass man sie in all ihren Ängsten, Sorgen und Nöten doch nicht ganz vergessen hat. Zum Abschied bekomme ich noch eine Tafel Schokolade. Davon habe ich lange schon geträumt.

Eine neue Aktion unseres Parteigenossen war wieder einmal die Krönung der Frechheit. Als er Mutter und mich auf dem Weg zum Einkaufen an seinem Haus vorbeigehen sah, hat er die Gelegenheit genutzt, um Tante Anna zu besuchen. Nach unserer Heimkehr erzählt sie uns davon.

Sie war im Garten, als ein Mann auf sie zukam, sich als unser alter Nachbar vorstellte und sie überfreundlich begrüßte. Er wisse, meinte er, dass sie aus Stuttgart komme, und freue sich, dass sie in ihrer Angst vor den Bombenangriffen bei uns Zuflucht gesucht und gefunden hat.

Er wollte dann von ihr wissen, wie es ihr im Schwarzwald so gefalle, ob sie nicht für immer dableiben wolle. Und so sei es weitergegangen mit seinen scheinheiligen Fragen.

Langsam, aber pfiffig, habe er das Gespräch dann auf das Thema von Onkel Eugens Flucht gelenkt. Er habe Tante Anna gefragt, ob sie davon wisse und ob sie ihn hier schon einmal gesehen habe. Es tue ihm für Mutter sehr leid, dass sie immer wieder Besuch von der Polizei bekomme. Sollte der Fahnenflüchtige noch leben und sich irgendwo versteckt halten, werde er beim Endsieg die Rechnung für seine Flucht bekommen. Entweder er bezahle die selbst mit seinem Leben oder sie würden das erledigen. Auch erkundigte er sich, ob Mutter ab und zu Herrenbesuch bekomme, sie sei schließlich so allein.

Tante Anna habe das verneint und gesagt, die einzige männliche Person, die ab und zu bei uns sei, sei unser Helfer Domanski.

Dann habe er noch erwähnt, dass Mutter finanziell sicher sehr zu kämpfen habe, da sie ja keine Unterstützung mehr bekomme. Aber sie sei ja eine fleißige Frau und werde sich schon durchbeißen. Nach weiteren, eher belanglosen Worten habe er sich mit guten Wünschen, mit Grüßen an uns und mit einem herzlichen »Auf Wiedersehen« verabschiedet. Nicht mit »Heil Hitler«, wie sonst immer.

So hat Tante Anna von ihrer Begegnung mit dem Heuchler erzählt, und in Mutters Seele kocht es wieder. Warum lässt dieser Mensch uns nicht in Ruhe? Jetzt kommt er auch noch hinter Mutters Rücken zu Tante Anna, um sie auszuquetschen. Wäre Vater bei uns, würde der sich das nicht erlauben. Anstatt seine Nachbarn mit Bespitzelungen zu schikanieren, könnte sich dieser Parteigenosse doch sehr gut sinnvoller beschäftigen. Zum Beispiel könnte er den Frauen in der Siedlung bei Gartenarbeiten helfen. So, wie es die Zwangsarbeiter auch tun müssen.

Tante Anna allerdings hat sich über den »nachbarschaftlichen« Besuch gefreut, obwohl ihr das Gerede und die Ausfragerei auch auf die Nerven ging. Ganz stolz sagt sie zu Mutter: »Deinen abendlichen Herrenbesuch habe ich nicht verraten.« Darauf Mutter ganz kurz: »Das wird auch gut sein!« Ein Glück, dass Tante Anna nichts von Onkel Eugens Aufenthalt weiß.

Mutter vermutet sogar, dass dieser Spitzel einer von den drei Parteigenossen war, die am Fenster klopften und Mutter verdächtigten, nachts einen Liebhaber zu empfangen. Mutter kann das alles nicht mehr begreifen. Einerseits diese heuchlerischen Mitleidsbekundungen, andererseits diese gemeinen, hinterhältigen Attacken. Am liebsten würde sie diesem herrschsüchtigen »Herrn« einmal die Meinung sagen. Aber damit würde sie sich ins eigene Fleisch schneiden.

Unser Helfer Domanski kommt regelmäßig und gern, er ist eine zuverlässige, große Hilfe für Mutter. Er hat jetzt Vertrauen zu ihr und erzählt viel von zu Hause und von seinem miserablen Barackenleben.

Er ist erst zwanzig Jahre alt und hat schon viel Schlechtes bei uns in Deutschland mitmachen müssen. Er würde zu gerne einmal wieder in einem sauberen Bett schlafen, denn in den Baracken ist alles verwanzt. Mutter würde ihm diesen Wunsch gerne erfüllen, aber das ist unmöglich. Das weiß auch er.

Onkel Eugen ist wieder bei uns und erzählt von seinen Nachtmärschen auf den Bauernhof. Schon zweimal hat er es jetzt ohne Zwischenfall geschafft. Auf dem Bauernhof fühlte er sich, im Gegensatz zur Höhle, wie im Paradies. Sobald er ankam, konnte er sich nach einem guten Vesper in ein gemütliches Bett legen, was für ihn ja schon zum Luxus zählt. Tagsüber hatte er ein Versteck, doch wenn alle auf dem Feld waren, konnte er sich frei in der Wohnung bewegen.

Es hat also alles gut geklappt, und Onkel Eugen sagt lachend, dass er sich so an die baldige Freiheit gewöhnen könne. Zwei- oder dreimal will er die Touren noch machen, dann ist er mit Lebensmitteln eingedeckt.

Nach den Radio-Nachrichten lässt er keinen Zweifel mehr zu an seinen Prophezeiungen für ein baldiges Kriegsende und den Sieg der anderen. Mutter glaubt ihm, denn es ist auch für sie ein Hoffnungsschimmer. Onkel Eugen hat Bücher von Vater wieder zurückgebracht. Sicher hat er die in seiner Langeweile nicht nur einmal gelesen. Er nimmt einige andere mit, doch jetzt ist bei uns nichts Lesbares mehr im Haus, das für ihn interessant wäre. Alle Bücher von Vater – und das sind nicht wenige – hat er durchgeschmökert.

Mutter erzählt vom Besuch des Parteigenossen und von dessen Gespräch mit Tante Anna. Auch Onkel Eugen hält das für eine ausgeklügelte, raffinierte Spitzelei. Er ist sich sicher, dass der Heuchler mit seiner gespielten Freundlichkeit Tante

Anna zum Reden bringen würde – wenn sie etwas wüsste. Dieser Kerl wird öfters kommen, da ist sich Onkel Eugen sicher. Er wird als guter Nachbar immer wieder die arme Tante aus Stuttgart besuchen – in der Hoffnung, dass er bei seiner Spioniererei irgendwann einen Erfolg verbuchen kann.

Von Besuchen der Polizei und der SS haben wir in letzter Zeit etwas Ruhe. Doch haben wir jetzt diesen Postenjäger auf dem Hals, der uns nach dem Leben trachtet.

Onkel Eugen sagt, wir werden auch noch diese letzte Phase durchstehen. Er will so wenig wie möglich kommen. Es darf nicht sein, dass er von diesem Partei-Ungeheuer noch geschnappt wird, das die ganze Nachbarschaft bevormundet und tyrannisiert. Was dieser Parteigenosse aber nur deshalb kann, weil die meisten Männer im Krieg und die Frauen machtlos sind. Doch ist noch nicht aller Tage Abend!

Mutter gibt Onkel Eugen ein paar Gläser selbst eingemachte Marmelade mit, ein selbstgebackenes Brot, etwas Obst und Gemüse, dann geht's wieder ab in Richtung Höhle.

Bild oben: Die rettende Zuflucht vor seinen Verfolgern fand der Wehrmachts-Deserteur Eugen Löhrer in einer Höhle an einem Steilhang hoch über dem Neckartal beim Industriestädtchen Oberndorf. Drei Jahre lang, von 1942 bis 1945, harrte er in seinem einsamen Versteck aus, und der Blick auf die Häuser am gegenüberliegenden Talhang bot nur eine armselige Abwechslung in seinem bedrückenden Alltag.

Bild links: Gut versteckt am dicht bewaldeten Talhang und von Gestrüpp geschützt lag das Versteck des »Höhlenmenschen« Eugen. Nur einmal, als der Hund eines Jägers oder Försters ihn in seinem Schlupfwinkel aufstöberte, musste er um seine Entdeckung bangen. Doch endete auch diese brenzlige Situation glücklich. Mit keinem Laut verriet der Hund den um sein Leben bangenden Fahnenflüchtigen.

HOHNER L'ORGANOLA

Bild oben: Das tapfere Mädchen Elfriede mit ihren vierbeinigen und langohrigen Lieblingen auf der Gartenbank beim Elternhaus. Nicht die zutraulichen Kaninchen der Löhrers aber, sondern die geliebte »Mieze-Katze« war ihr große Trösterin in schweren, ausweglos scheinenden Kindheitsjahren.

Bild links: Musik war die große Leidenschaft des Eugen Löhrer. Als Akkordeonist spielte er in den Jahren vor dem Zweiten Weltkrieg mit seiner »Hohner« auch in Stuttgarter Tanzpalästen auf. Die Ödnis seiner Höhlen-Existenz linderte er, indem er Baupläne für Geigen skizzierte. Später, in den glücklichen Jahren nach der Nazi-Diktatur, baute er nach diesen Plänen dann seine Saiteninstrumente.

Bild oben: Ein entschiedener Gegner der Nationalsozialisten war der Oberndorfer Industriearbeiter Georg Löhrer schon in den frühen Jahren des Dritten Reichs. Furchtlos hat er 1942 seinen fahnenflüchtigen Bruder in die Obhut seiner Familie aufgenommen, und als er als Wehrmachtssoldat in Griechenland im Einsatz war, ist er dem Beispiel seines Bruders Eugen gefolgt und ebenfalls desertiert.

Bild links: Mutig und unerschrocken hat Mutter Löhrer die Drangsal der Kriegsjahre gemeistert, hat in den Zeiten schwerer Bedrängnis couragiert allen Gefahren getrotzt und dabei ein beispielhaftes Maß an Menschlichkeit gezeigt.

Gute Nachricht

Heute ist uns eine große Überraschung beschert: Wir bekommen ein Päckchen, aber es steht kein Absender drauf. Von wem das wohl sein mag? Und wer kann überhaupt noch etwas schicken in dieser schlechten Zeit? Die Spannung ist riesig.

Mutter öffnet das Päckchen, sie liest die Karte, die oben draufliegt, sie liest sie noch einmal, sie weint, sie lacht, sie weint, sie nimmt mich in die Arme, sie nimmt Tante Anna in die Arme und sagt unter Freudentränen: »Von Papa, von Papa, er lebt!« Aber kann das denn sein? Sie liest noch einmal, doch es stimmt, es ist Vaters schöne Handschrift.

Ich werde fast erdrückt von Mutters Umarmungen, und während sie mich festhält, sagte sie immer wieder zu mir: »Dein Papa kommt wieder!«

Auf der Karte teilt Vater nur kurz mit, dass er nicht mehr an der Front sei, dass er bei einem griechischen Bauern arbeite und es ihm sehr gut gehe. Er schließt mit: »Auf Wiedersehen und Grüße an Fräulein Gerda!«

Sicher wollte oder durfte er nicht ausführlicher über seine Lage berichten. Doch das spielt für uns jetzt keine Rolle. Hauptsache, Vater lebt und wird wieder nach Hause kommen.

In dem Päckchen finden wir grüne, braune und beige Schafwolle, Datteln, Schokolade und Zigaretten. Dazwischen liegt eine Glückwunschkarte zu meinem zehnten Geburtstag. Das ist das Schönste für mich. So weit ist Papa weg und hat doch an meinen Geburtstag gedacht. Ich könnte vor Freude die ganze Welt umarmen.

Das alles muss jetzt erst einmal verdaut werden. Doch wird die positive Nachricht nach so langer Zeit Mutter stärken.

Jetzt kann sie wenigstens die Angst um Vaters Leben aus ihrem Sorgenkatalog streichen. Also ist es genau so, wie Vaters Freund es vermutet hat: Vater hat das Richtige gemacht.

Nur weiß jetzt auch Tante Anna über Vater Bescheid. Doch sie verspricht, mit niemandem darüber zu reden. Natürlich auch nicht mit unserem Spitzel, falls der mal wieder einen »Anstandsbesuch« macht.

Sie verspricht, mir eine schöne Jacke aus der Schafwolle zu stricken, was ich natürlich gerne annehme. Ich werde die Jacke voller Stolz tragen, denn sie ist ja von Papa aus Griechenland. Von der Schokolade und den Datteln haben wir auch gleich einmal probiert. Das ist ein einmaliger Hochgenuss in dieser Zeit. Doch für wen sollen denn die Zigaretten sein? Hat Vater vielleicht gedacht, wir könnten die gegen Lebensmittel tauschen?

Mutter weiß, wem sie damit eine riesige Freude machen kann: unserem Domanski. Schon so oft hat er sie um Zigaretten gebeten, doch woher sollte Mutter welche haben? Von nun an aber soll er jedes Mal, wenn er bei uns ist, welche bekommen. Auch er soll an unserer Freude teilhaben.

Jetzt können Mutter und ich es kaum erwarten, bis Onkel Eugen kommt, um ihn mit der freudigen Nachricht zu überraschen, dass sein Bruder lebt.

Eigentlich müsste Mutter den Beamten auf der Behörde jetzt mitteilen, dass sie richtig lagen, als sie Vater der Fahnenflucht verdächtigten. Doch verzichtet Mutter zu unserem Schutz darauf. Zwei Deserteure in einer Familie und auch noch zwei Brüder – das wäre des Guten zu viel. Das würde nur zu weiteren Spitzeleien, Drohungen und Repressalien uns gegenüber führen. Eine Unterstützung bekommt Mutter so oder so nicht mehr. Also sollen diese Herren nur weiterhin mit der Ungewissheit zurechtkommen, ob Vater verschleppt wurde oder desertiert ist. Eine erwiesene Fahnenflucht jedenfalls wurde nicht gemeldet, sonst würde auch Vater polizeilich gesucht. Das Wichtigste ist, dass wir Bescheid wissen. Und wir können ja schweigen!

Nach längerer Zeit ist Onkel Eugen wieder bei uns, gesund und gut gelaunt wie immer. Vier Nachtmärsche zum Bauernhof und retour zur Höhle hat er inzwischen hinter sich gebracht, und wieder war alles riskant und anstrengend. Am Ende aber überwog die Freude über das Glück, nicht erwischt worden zu sein.

Onkel Eugen will wissen, ob wir immer noch keine Nachricht von Vater haben. Das ist der Moment, auf den Mutter sehnlichst gewartet hat. Anstatt einer Antwort holt sie eine kleine Schale mit Datteln und Schokolade, die sie extra für diese Überraschung bereitgestellt hat, und oben drauf liegt Vaters Karte. Die gibt sie, ohne ein Wort zu sagen, Onkel Eugen in die Hand.

Er liest die Karte, schaut Mutter fragend an, liest sie nochmal und nochmal – dann rollen unserem starken Höhlenbewohner Freudentränen übers Gesicht. Und er sagt immer wieder: »Ich habe es geahnt, ich habe es geahnt!«

Onkel Eugen sitzt nur da und schüttelt den Kopf. Er kann es noch nicht fassen, die freudige Nachricht hat ihn total überwältigt. Voller Stolz zeige ich ihm die Geburtstagskarte von meinem Papa und die Schafwolle. Er freut sich mit mir. Ich sage ihm auch, dass ich diese Karte mein Leben lang aufbewahren werde, und dass Tante Anna mir aus der Wolle eine Jacke stricken will.

So hat Onkel Eugen jetzt die Bestätigung für seine Vermutung, dass Vater nicht in die Hände von Partisanen gefallen ist. Das ist eine große Beruhigung für ihn und für uns alle auch.

Jetzt wird nur noch über Vater gesprochen. Wie alles weitergeht, weiß niemand, doch die Hauptsache ist, dass er nicht mehr in diesem Krieg kämpfen muss. Alles andere wird er meistern. Das ist Onkel Eugens Meinung und wir hoffen natürlich, dass er Recht hat.

Ganz wichtig sind für Onkel Eugen auch heute die Nachrichten. Was sie melden, ist für seine Lage durchweg positiv. Dass der kommende Winter der letzte seines Höhlenlebens sein wird, das ist für ihn so sicher wie das Amen in der Kirche. Hoffen wir, dass es stimmt. Dann erzählt er noch von seinem letzten Nachtmarsch vom Bauernhof zurück zur Höhle.

Auf seinem Heimweg, er war schon etwa einen Kilometer vom Bauernhof entfernt, hörte er plötzlich hinter sich ein Gehechel und Gebell. Ein Schäferhund verfolgte ihn. Onkel Eugens erster schrecklicher Gedanke war: ein Polizeihund. Doch der vermeintliche Polizeihund sprang freudig an ihm hinauf. Es war »Bello« vom Bauernhof.

Aber was sollte er jetzt machen? In die Höhle konnte er ihn nicht mitnehmen, obwohl das schön wäre. Also musste er wieder zurück zum Hof und »Bello« nach Hause bringen – mit vollbepacktem Rucksack. Doch haben es beide geschafft. »Bello« kam wieder in seinen Verschlag, aus dem er ausgebrochen war, und Onkel Eugen ist trotz dieser unvorhersehbaren, widrigen Umstände wieder gut in seinem Bau angekommen.

Mit Lebensmitteln ist er nun so ziemlich eingedeckt. Doch wenn der Winter noch längere Zeit auf sich warten lässt, wird er noch einen oder auch zwei Nachtmärsche auf sich nehmen müssen. Zur Not aber sind wir ja auch noch da.

In der Hoffnung, dass das Wetter noch lange mitmacht und Onkel Eugen vor dem Wintereinbruch noch einige Male zu uns kommen kann, verabschiedet er sich wieder mit guten

Wünschen und wie immer mit einem aufmunternden: »Bleibt stark!«

Mutter, Tante Anna, Domanski und ich sitzen gemütlich bei Kaffee und selbstgebackenem Grießkuchen. Es klingelt. Mutter öffnet die Tür, und vor ihr steht ein Uniformierter, der sich als Kontrolleur aus dem Arbeitslager vorstellt. Er überprüft die Zwangsarbeiter, will wissen, ob sie zufriedenstellend arbeiten. Und jetzt möchte er unseren Helfer sehen.

So hat Mutter keine andere Wahl, als ihn hereinzubitten. Als er Domanski am Kaffeetisch sitzen sieht, fragt er Mutter, ob sie den Arbeiter zum Kaffeetrinken angefordert habe. Mutter sagt, dass heute ihr Geburtstag ist und sie Domanski nur zu einer Tasse Kaffee eingeladen hat. Anschließend gehe er wieder an die Arbeit.

Jetzt muss Mutter dem Kontrolleur doch tatsächlich ihren Ausweis zeigen zum Beweis dafür, dass der 2. November wirklich ihr Geburtstag ist. So eine Unverschämtheit! Hätte Mutter gelogen, hätte unser Helfer nie mehr zu uns kommen dürfen. Nach der Ausweiskontrolle muss Mutter über Domanskis bisher verrichtete und auch über die noch anstehende Arbeit Auskunft geben. Dass sie mit unserem fleißigen und gewissenhaften Helfer sehr zufrieden sei, betont Mutter noch extra. Worüber sich Domanski sichtlich freut.

Bevor der Kontrolleur uns verlässt, wendet er sich mit grimmigem Gesicht zu Domanski und sagt zu ihm mit drohend erhobenem Zeigefinger: »Arbeit, Arbeit, nix Kaffee, sonst ab ins Lager!«

Mutter würde gerne ihre Meinung sagen zur unverschämten Überheblichkeit des Kontrolleurs. Aber wieder muss sie schweigen.

Domanski ist jetzt sehr eingeschüchtert. Er geht sofort an die Arbeit. Er vergrößert im Keller einen Kohlenverschlag.

Er hat Angst, dass dieser Mann noch einmal zurückkommt. Mutter traut dem Frieden ebenso wenig. Schade – die Geburtstagskaffeetafel war so gemütlich.

Und es ist wahrlich kaum zu glauben: Nach circa einer halben Stunde beehrt uns dieser Kontrolleur erneut mit seinem Besuch. Er will sich vergewissern, ob Domanski, wie Mutter es versprochen hat, tatsächlich seiner Arbeit nachgeht. Sie führt ihn in den Keller, dort sieht er, wie Domanski sägt und hämmert. »So muss es sein«, sagt der Grobian, »diese Kerle sind nicht zum Kaffeetrinken bei uns!« Mit einem zackigen »Heil Hitler!« dreht er sich um und ist schon wieder draußen. Mutter ärgert sich sehr über diese diskriminierende, überhebliche Art, mit Menschen umzugehen. Und die dürfen sich nicht dagegen wehren.

Wenigstens darf Domanski die griechischen Zigaretten rauchen. Das kann ihm niemand verbieten. Darauf freut er sich jedes Mal schon, wenn er kommt. Er genießt jede Zigarette bis zum letzten Zug.

Nach Onkel Eugen hat nun seit Monaten niemand mehr gefragt. So denken wir, dass die Suche nach ihm inzwischen aufgegeben wurde. Aber da haben wir falsch gedacht, denn wieder stehen die beiden SS-Männer, die wir schon kennen, vor der Tür. Selbstherrlich und mit strengen Mienen fragen sie Mutter wieder einmal aus und wollen erneut Fotos von Onkel Eugen. Mutter sagt, dass wir beim ersten Polizeiverhör bereits alle hergegeben haben. Was aber nicht ganz stimmt. Ich habe ja noch jenes, das mir der Polizist gegeben hat. Das wissen die SS-Männer natürlich nicht, und sie bekommen das Foto auch nicht.

Mutter muss sich nun wieder diesen langen Vortrag über die Konsequenzen bei Fahnenflucht und bei Beihilfe zur Fahnenflucht anhören. Das hat sie alles schon x-mal gehört. Und wieder muss sie Rede und Antwort stehen wie eine Angeklagte, dabei aber immer die Ruhe bewahren. Obwohl sie sehr aufgeregt ist. Warum sind diese Menschen in ihrer Uniform bloß so ernst und unfreundlich, denke ich. Können die überhaupt nicht lachen oder wenigstens lächeln? Und warum reden die so barsch und bestimmend mit meiner Mutter?

Tante Anna sitzt wortlos dabei, sie wird von den Herren keines Blickes gewürdigt, ebenso wenig wie ich. Ganz anders als bei meinem Lieblingspolizisten, der immer so nett zu mir war. Sie nehmen Mutter aufs Neue das Versprechen ab, sofort jeden, auch den kleinsten Hinweis auf Onkel Eugen zu melden. Mit ihrem »Heil Hitler« ziehen sie endlich wieder ab.

Mutter steht am Fenster und schaut den Herren nach. Sie traut ihren Augen nicht: Auf der Straße wartet unser Straßenspitzel auf die zwei und gemeinsam, sich angeregt unterhaltend, marschieren sie miteinander weiter.

Also ist alles ein Komplott. Mutter hat wieder schreckliche Angst, denn sie fragt sich, was die drei wohl jetzt zusammen aushecken. Wenn nur Vater hier wäre. Sie kann ja mit niemandem über ihre Ängste und Sorgen reden, und ich als Kind kann ihr doch auch nicht helfen. Wenn sie sich wenigstens mit Tante Anna aussprechen könnte, das täte schon gut. Aber das geht auf keinen Fall. Wir müssen ja immer auf der Hut sein, dass sie Onkel Eugen nicht bei uns entdeckt.

Tante Anna und ich müssen Mutter versprechen, keinem Menschen die Türe zu öffnen, wenn sie bei der Arbeit ist. Es ist dann halt einfach niemand zu Hause.

Die Luftangriffe auf unsere Städte werden immer massiver. Hunderttausende unschuldiger Menschen sterben in den Trümmern, hunderttausende Soldaten müssen ihr meist junges Leben im Kampf opfern. Es ist die Hölle auf Erden.

Wie viele Menschen, gleich welcher Nationalität, müssen in diesem mörderischen Krieg, der von ein paar Wahnsinnigen diktiert wird, noch sterben? Und überall diese unübersehbaren und unüberhörbaren Parolen vom Endsieg.

Bis jetzt sind wir vom Schlimmsten verschont geblieben. Obwohl bei Tag und Nacht immer wieder die Sirenen heulen und die Bombengeschwader über uns hinwegdröhnen, den Großstädten zu. Wir sitzen oft im Luftschutzbunker oder im Keller. Auch hier, auf dem Land, haben alle Angst.

Beim ersten Ton der Sirenen rast unser Parteigenosse durch die Straße und brüllt wie ein Irrer, bevor er sich selbst in Sicherheit bringt: »Alles in den Bunker, alles in die Keller!« Auch ohne sein Geschrei würden alle dorthin flüchten.

Oft wird unser Schulunterricht von Fliegeralarm unterbrochen, und wir müssen in einen alten, gewölbten Bierkeller, der als Schutzraum eingerichtet wurde. Dort hört und sieht man nichts von der Außenwelt, und es macht uns sogar Spaß, bei Bombenalarm in diesem romantischen Gewölbe unsere ausgefallenen Schulstunden abzusitzen.

Hoffnungsvolle Weihnachten

Der Winter ist inzwischen eingezogen, der dritte schon für Onkel Eugens Höhlenleben. Wir warten auf ihn. Mutter ist auf die Nachrichten gespannt und an der Meinung von Onkel Eugen interessiert. Vielleicht war er nochmals auf dem Bauernhof. Wenn nicht, kann Mutter ihm von unserem Vorrat etwas abgeben. Wir sind so einigermaßen eingedeckt. Zwar nicht im Überfluss, doch es reicht.

Von den Bauern, denen Mutter geholfen hat, hat sie Kartoffeln, Obst, zwei Gläser Bienenhonig und sogar einen Topf Schweineschmalz bekommen. Milch und Eier haben wir ja selber von unseren Tieren, und so geht es uns im Gegensatz zu vielen anderen Menschen noch verhältnismäßig gut.

Es stürmt und schneit ununterbrochen. Trotzdem ist er gekommen. Seine Spuren, sagt er, sind schnell wieder verweht bei diesem Schneesturm. Er muss unbedingt die Nachrichten hören, die ihn wieder einmal in seiner Sehnsucht nach Befreiung bestätigen. Daran, dass dies der letzte Kriegswinter für ihn und für uns alle ist, glaubt er ja schon lange felsenfest, und Mutter glaubt und hofft, dass er Recht behält.

Auf dem Bauernhof war er seither nicht mehr. Er hat jetzt genügend Proviant, und Mutter hat bei seinen Besuchen in letzter Zeit auch noch so einiges in seinen Rucksack verstaut. So braucht er diesbezüglich keine Angst vor dem Winter zu haben. Auch mit Brennmaterial hat er sich eingedeckt. Das hat er mühselig und immer auf der Hut, nicht gesehen zu werden, zusammengesammelt. Onkel Eugen sagt, dass er die Verwandten auf dem Bauernhof das nächste Mal als ein freier Mensch besucht. Dann will er ihnen für die uneigennützige, großzügige und risikoreiche Hilfe danken.

Mutter erzählt vom unverhofften Besuch und Verhör der beiden SS-Männer, und dass sie sich danach auf der Straße mit unserem Straßenspitzel getroffen haben. Für Onkel Eugen ist es unbegreiflich, dass er nach dieser langen Zeit noch immer gesucht wird. Sicher wurde unser Spitzel von den SS-Kerlen zu verschärfter Kontrolle aufgefordert.

Onkel Eugen kann des Winterwetters wegen nun vermutlich für eine längere Zeit nicht mehr kommen. Auch nicht an Weihnachten. Selbst dann, wenn es das Wetter zuließe, würde er auf den Weihnachtsbesuch verzichten. Er will so nahe vor dem Ziel nichts mehr aufs Spiel setzen. Also braucht Mutter nun keine Angst mehr zu haben, dass er bei uns im Haus, auf seinem Weg hierher oder auf dem Heimweg zur Höhle erwischt wird. Seit dem Gespräch der drei Männer hat Mutter wieder große Angst. Irgendetwas haben die drei ganz sicher miteinander ausgeheckt. Nur was?

Während unserer Unterhaltung ertönt plötzlich ununterbrochenes Sirenengeheul und gleich danach ein fürchterliches Gedröhne über uns. Es sind wieder diese furchterregenden Bombengeschwader.

Wir hören, dass Tante Anna droben aufgestanden ist und sicherlich gleich bei uns erscheinen wird. Onkel Eugen schnappt sich Jacke, Mütze und Rucksack und schleicht sich in Windeseile in den Keller. In diesem Moment klingelt und klopft es an der Haustür. Davor steht unsere liebe Nachbarin Frau Baiger mit vier Kindern. Sie hat Angst und will mit uns in unseren Keller. Für Mutter ist das selbstverständlich, und sie hofft nur, dass Onkel Eugen alles mitbekommen und sich aus dem Staube gemacht hat.

Wir gehen alle in den Keller, und Onkel Eugen ist weg. Zum Glück gibt es auch hier eine Türe, die nach draußen führt. Durch diese konnte er flüchten. Wieder Glück gehabt!

Aber wir wissen nicht, ob er zur Höhle gegangen ist, oder ob er sich bis zur Entwarnung bei den Tieren im Stall versteckt hat. Da er nicht mehr auftaucht, nehmen wir an, dass er sich gleich nach der Flucht auf den Weg zu seiner Höhle gemacht hat. So werden wir ihn jetzt wohl lange nicht mehr sehen und können wie immer nur hoffen, dass alles klappt und er gesund bleibt.

Wir sitzen noch lange voller Angst vor dem monotonen Gedröhne über uns in unserem Verlies. Gottseidank bleiben wir verschont. Aber wie viele Menschen mussten in dieser Nacht wohl wieder in den Trümmern sterben?

Endlich kommt die Entwarnung, und wir verlassen unbeschadet den Keller, den wir nun immer öfter aufsuchen müssen. Zwar gibt es direkt neben unserem Haus einen Bunker, doch Mutter geht nicht gern dort hinunter. Er ist so klein und eng und in Mutters Augen eine Todesfalle.

Tante Anna zieht sich wieder auf ihr Zimmer zurück, Mutter begleitet unsere Nachbarin mit ihren Kindern nach Hause. Sie trägt das Kleinste auf dem Arm, es ist eineinhalb Jahre alt und schläft wie ein kleiner Engel – noch unberührt von all dem Bösen.

Mutter bleibt noch eine Weile auf, für den Fall, dass Onkel Eugen sich irgendwo in der Nähe versteckt hat und noch einmal ins Haus kommt. Doch sie wartet vergebens.

Zweieinhalb Jahre lebt er nun schon in seiner Höhle, ohne auch nur eine Minute krank gewesen zu sein. Mit viel Optimismus, Energie und viel, viel Glück hat er es bis jetzt geschafft. So darf doch jetzt in der »Endphase«, wie er sagt, nichts mehr schiefgehen! Darum heißt es weiterhin: höllisch aufpassen und schweigen!

Ein schreckliches Leben waren diese zweieinhalb Jahre für Mutter. Drohungen, Todesängste, Bespitzelungen, Beschuldigungen, Lügen, Heucheleien, die Sorgen um Vater und um

Onkel Eugen, die schwere Zeit meiner Krankheit, die ewige Heimlichtuerei vor Tante Anna, die viele Arbeit für wenig Geld – all das hatte sie auszuhalten und zu ertragen. Und über allem stand die Frage: »Wie wird das für uns enden?«

So gern wir Onkel Eugen auch bei uns haben, ist Mutter jetzt trotzdem beruhigter, wenn ihr die furchtbaren Ängste bei seinen Besuchen erspart bleiben und damit auch die Aufpasserei auf Tante Anna vorläufig ein Ende hat. Und selbst wenn sie unser Haus Tag und Nacht bespitzeln, werden sie unseren Höhlenbewohner doch nicht hier erwischen – wenigstens nicht über die Winterzeit. Wie später dann alles aussehen wird, weiß niemand.

Die hoffnungsvollen Prophezeiungen von Onkel Eugen jedenfalls werden wir vermissen, ebenso wie er die Nachrichten des Geheimsenders. Den deutschen Sendungen kann längst niemand mehr glauben nach dem, was in Wirklichkeit alles passiert ist.

Domanski kommt jetzt zum Schneeräumen zu uns, was Mutter allerdings zuvor im Lager bewilligen lassen musste. Das muss sie auch machen, wenn irgendeine dringende Arbeit im Haus anfällt. Er kommt immer gern und sagt, das sei die schönste Zeit in seinem Lagerleben. Das Heimweh plagt ihn sehr, er erzählt viel von seiner Mama, seinem Papa und von seiner kleinen Schwester.

Der Dezember bringt knackende Kälte und Schnee, wir freuen uns über eine herrliche Winterlandschaft. Die dicke Schneedecke glitzert wie von Kristallen überzogen. Mutter geht in der Frühe hinaus, um unsere Tiere zu füttern und entdeckt dabei rund ums Haus Fußspuren. Auch auf den Gehwegen sind diese Spuren zu sehen, die von Männerschuhen stammen. Es müssen zwei Personen gewesen sein, denn die Abdrücke im Schnee sind unterschiedlich groß. Die Spuren zeigen weiter, dass die beiden Männer nicht einfach auf einem Rundgang waren, denn da und dort ist der Schnee zertrampelt. Schließlich führen die Spuren wieder auf die Straße und vermischen sich mit den vielen anderen.

Mutter untersucht sie alle genau, denn sie will wissen, ob da jemand einbrechen wollte oder ob wieder Spitzel beim Haus unterwegs waren. Am Haus ist jedenfalls nichts beschädigt, und Mutter grübelt lange darüber nach, was diese rätselhaften Spuren wohl zu bedeuten haben.

Auch wenn wir wissen, dass Onkel Eugen jetzt lange nicht mehr kommen wird, fürchtet sich Mutter sehr. Wollten die Spitzel uns mit den Spuren, die ja bei dieser Kälte lange zu sehen sind, Angst einjagen? Mutter weiß es nicht, und sie kann auch mit niemandem darüber sprechen. Wieder ist sie zum Schweigen verurteilt.

In ein paar Tagen ist Weihnachten, und ich freue mich schon sehr auf das Fest. Das wird zwar ärmlich ausfallen, aber schon die Gewissheit, dass Mutter an den Feiertagen nicht außer Haus arbeiten muss, freut mich. Es ist für mich das schönste Geschenk.

Ein kleines Weihnachtsbäumchen, direkt aus dem Wald, haben wir von einem Bauern bekommen, bei dem Mutter gearbeitet hat. Das darf ich jetzt natürlich schmücken. Von den Familien, denen Mutter im Haushalt hilft, hat sie zu unser aller Freude schöne und gute Geschenke bekommen: Malzkaffee, Tee, Zucker, Kaba, Schokolade, Weihnachtskerzen, Seife, Waschmittel und ganz viel Weihnachtsgebäck. Außerdem für mich zwei schöne Bücher und ein ganz tolles Schüler-Etui.

Ich freue mich riesig. Aber ich frage mich, woher die Leute in dieser Zeit solche Sachen herhaben. – Egal, wir sind froh und dankbar dafür.

Einen Tag vor Heiligabend – wer steht da vor der Haustüre und will Tante Anna besuchen, um ihr ein schönes Fest zu wünschen? Unser Oberspitzel! Zum Glück macht Tante Anna gerade ihr Mittagsschläfchen. So kann Mutter seinen Besuch ablehnen mit der Begründung, dass sich Tante Anna zurzeit nicht wohlfühle und das Bett hüten müsse. Das tut dem scheinheilig fürsorglichen Herrn sehr leid und er lässt Grüße und Besserungswünsche an Tante Anna bestellen.

Auch uns wünscht er ein schönes Fest, doch kommt er nicht umhin, nach Onkel Eugen zu fragen. Das macht Mutter wütend und mutig zugleich. Sie sagt ganz energisch, dass ihr die ewige Fragerei nach Onkel Eugen jetzt allmählich auf die Nerven gehe. Wie alle anderen wisse doch auch er, dass sie keine Ahnung hat, wo Onkel Eugen geblieben ist. Der Spitzel entgegnet ganz entrüstet: »Man wird ja wohl noch fragen dürfen!« Mit einem strammen »Heil Hitler!« dreht er sich um und geht.

Das hat Mutter gut gemacht, denke ich. Bloß war das nicht vielleicht doch ein bisschen zu barsch? Muss sie ihren Mut möglicherweise bald büßen?

Es ist Heiligabend, der Himmel hat seine Schleusen geöffnet, es schneit ununterbrochen. So ein richtig schönes Weihnachtswetter ist das. Domanski war schon da zum Schneeschippen, und Mutter hat ihm ein schönes Päckchen mit Lebensmitteln und Zigaretten mitgegeben. Ob er es mit ins Lager nehmen darf, wissen wir ebenso wenig wie er, doch er will es einfach versuchen. Er ist sehr traurig, denn er hat Heimweh, ganz besonders jetzt an Weihnachten. Mutter hätte ihn gern zum Fest eingeladen, aber das geht nicht. So muss er, wie so viele, den Heiligabend im Lager verbringen.

Wir haben ein schön geschmücktes Bäumchen, und Mutter macht es uns, wie immer, so richtig gemütlich, und zu essen haben wir auch. Zwar einfach, aber wir sind damit zufrieden.

Auch Tante Anna fühlt sich richtig wohl und ist glücklich, dass sie nicht in Stuttgart sein muss, das ununterbrochen den schwersten Bombenangriffen ausgesetzt ist. Die Jacke, die sie mir aus der Schafwolle von Vater gestrickt hat, ist sehr schön geworden, und ich bin mächtig stolz darauf.

Heiligabend ist ein schöner, doch in dieser Zeit auch trauriger Abend. Wir reden von Vater, von meinem Bruder, und überlegen, wo sie an diesem Abend wohl sind. Ganz sicher denken sie auch an uns und wären gern zu Hause. Über Onkel Eugen können wir wegen Tante Anna nicht reden, aber wie immer denken Mutter und ich an ihn.

So viel Leid ist in dieser Zeit unter den Menschen, es ist nicht auszudenken. Ich weiß, dass Mutter bei all ihrer liebenden Fürsorge traurig ist und daran denkt, was wohl noch alles auf sie zukommt. Wenn nur Vater da wäre! Für mich aber war es trotz allem ein schöner Abend, und ich verziehe mich früh schon ins Bett, um in dem schönen Buch zu lesen, das ich geschenkt bekommen habe: »Hanni und Nanni«!

Am ersten Weihnachtsfeiertag besucht uns Vaters Freund und bringt Mutter ein Geschenk. Wieder hat er bei den Arbeitskollegen gesammelt, und 150 Mark sind dabei zusammengekommen. Dazu überreicht er Mutter eine schöne Weihnachtskarte mit den Unterschriften der Spender. Mutter ist das alles ein wenig peinlich, doch freut sie sich riesig und nimmt das Geschenk dankend an. Sie kann es ja so gut gebrauchen.

Da Tante Anna noch ihr Mittagsschläfchen macht, können Mutter und Vaters Freund sich ungestört miteinander unterhalten. Dass Vater in Griechenland bei einem Bauern untergekommen ist, hat Mutter ihm früher schon erzählt. So kann sie jetzt nur berichten, dass wir seither nichts mehr von ihm gehört haben. Vaters Freund ist durchs Abhören des Geheimsenders gut über die Kriegslage informiert und wie Onkel Eugen davon überzeugt, dass der Krieg bald zu Ende ist.

Auch von den Machenschaften unseres Spitzels und von den rätselhaften Spuren im Schnee erzählt Mutter Vaters Freund. Er kennt diesen allseits verhassten und gefürchteten Parteigenossen zur Genüge. Deshalb weiß er, dass wir wegen unseres Deserteur-Makels keine Chance haben, uns gegen seine Übergriffe zu wehren.

Endlich konnte sich Mutter einmal einem Menschen gegenüber aussprechen, was sie von diesem Unmenschen hält. »Er schikaniert jeden, den er nur schikanieren kann«, sagte Mutter. »Aber unsere Familie liegt ihm besonders am Herzen. In unserer Siedlung wohnen viele Nazis, doch dieser Kerl ist die absolute Krönung von allen. Die Menschen, die gegen dieses Regime sind, werden alle mundtot gemacht. Ein falsches Wort, und du bist weg von der Bildfläche.«

Vaters Freund tröstet Mutter mit seiner Gewissheit, dass dieses Leben in Aufregung und Angst bald schon zu Ende sein werde. Bis dahin solle sie stark bleiben und den Spitzel, so gut es eben gehe, einfach übersehen und ignorieren. Nach Kriegsende werde der für sein unmenschliches Gebaren schon büßen müssen. Dafür würden die vielen von ihm schikanierten Menschen ganz sicher sorgen – wenn er sich nicht vorher aus dem Staub mache.

Trotz solcher Gespräche war es ein schöner Nachmittag mit Vaters Freund. Später war auch noch Tante Anna dazugekommen. Doch da ging es dann wieder um ganz harmlose Dinge. Jedenfalls ist Mutter jetzt ein bisschen gestärkt. Der Besuch hat ihr gut getan.

Vaters Freund verspricht Mutter, er wolle nun öfters kommen, um sie über den Gang der Kriegsereignisse zu unterrichten. Beim Hinausgehen sagt er: »Kopf hoch, bald ist der braune Spuk vorbei!« Mutter erwidert ganz leise, nur so vor sich hin: »Es wird auch wahr sein.«

Domanski

Es ist Ende Januar, und noch immer haben wir viel Schnee. Es schneit und schneit, Domanski kommt und schippt die Wege frei, er ist der Treueste. Mutter gibt ihm, bevor er anfängt zu arbeiten, etwas Gutes zu essen. So kann der Kontrolleur, sollte er wieder einmal auftauchen, Domanski nicht mehr bei einer verbotenen Pause erwischen.

Das Päckchen, das Mutter ihm an Weihnachten mitgab, wurde ihm im Lager abgenommen, obwohl er versprochen hatte, den Inhalt mit seinen Kameraden zu teilen. Doch es war nichts zu machen, das Päckchen verschwand.

Als Mutter davon erfuhr, hat sie sich sehr geärgert. Es war ja nicht viel in dem Päckchen, doch nicht einmal die kleinste Freude wird diesen armen Menschen gegönnt. Mutter ist richtig wütend geworden, denn Ungerechtigkeiten sind für sie das Schlimmste. Domanski kennt ihre Gesinnung und hat großes Vertrauen zu ihr. Er erzählt viel von seinem elenden Lagerleben. Mutter hört ihm einfühlsam zu und macht ihm Mut. Schade, dass er von unserem Höhlenbewohner nichts erfahren darf.

Trotz des vielen Schnees kommt Anfang Februar ganz überraschend Onkel Eugen. Er hat es nicht mehr ausgehalten in seinem Bau, denn er muss einfach wissen, was auf der Welt vor sich geht. Die Nachrichten fallen zu seiner größten Zufriedenheit aus, das sieht man ihm schon am Gesicht an, während er das Ohr am Radio hat. Seine Reaktion auf die Neuigkeiten ist unmissverständlich: »In zwei bis drei Monaten ist alles vorbei, darauf schwöre ich!«

Umso besser, wenn das stimmt, aber Mutter ist noch skeptisch. Sie kann es noch nicht glauben. Weiter berichtet Onkel Eugen: »Die Russen sind jetzt schon in Ostdeutschland einmarschiert. Hoffentlich sind die Deutschen so vernünftig, keinen Widerstand zu leisten. Das wäre vollkommen vergeblich und sowohl für die Kämpfenden auf beiden Seiten wie auch für die Zivilbevölkerung der reinste Horror.«

Onkel Eugen glaubt allerdings, dass die deutschen Soldaten den Gehorsam nicht verweigern werden. Und der Führer befiehlt ja: »Kämpfen bis auf den letzten Blutstropfen – der Sieg ist unser!!« So wird es kommen, allerdings ohne einen Sieg für uns. »Diese Wahnsinnigen!«

Genau darüber ist Onkel Eugen wütend. Einerseits freut er sich auf seine Befreiung, andererseits macht er sich Sorgen über die furchtbaren Folgen, die der Widerstand der Deutschen nach sich ziehen würde. Er meint, dass eine umgehende Kapitulation viel Leid verhindern würde. Wir müssten diesbezüglich keine Angst haben, bis die Besatzer bei uns sind, ist alles vorbei. Zum Trost glauben wir wie immer an Onkel Eugens Vorhersagen.

Über seinen Höhlenwinter erzählt Onkel Eugen diesmal nicht viel. Er spricht stattdessen ganz begeistert von seinen Zukunftsplänen. Sobald er frei ist, möchte er zurück zu seiner früheren Freundin, möchte heiraten, eine Familie gründen, Kinder bekommen, ein Häuschen bauen, musizieren, doch vor allem die Freiheit schätzen und genießen. Das also sind die Träume eines Menschen, der seit fast drei Jahren unter primitivsten Umständen in einer Höhle haust. Wir hoffen, dass seine Wünsche und Träume in Erfüllung gehen. Noch aber ist es nicht so weit, es kann noch so viel passieren.

Mutter packt Onkel Eugen noch einiges Essbare ein, und er geht wieder heim. Es schneit stark, so verwehen seine Spuren in wenigen Augenblicken. Wann er wiederkommt, weiß er nicht, aber er ist sicher, dass es nicht lange dauern wird. Die Nachrichten haben ihn zuversichtlich gestimmt.

Die ganze Nacht hat es geschneit, was nicht ungewöhnlich ist für Ende Februar. Domanski kommt wie immer gutgelaunt, um Schnee zu schippen. Mutter macht ihm ein schönes Frühstück, und dann gibt's natürlich die heißgeliebten Zigaretten. Domanski genießt diese Momente sichtlich und geht anschließend voller Elan an die Arbeit. Er macht alles so gewissenhaft und perfekt, dass Mutter ihn immer wieder loben muss.

Sicher will er mit seiner Genauigkeit auch etwas Zeit schinden, denn jede Minute außerhalb des Lagers ist für ihn kostbar. Nach getaner Arbeit genießt er gemütlich ein Zigarettchen, und die anderen, die Mutter ihm gibt, verschwinden in seiner Jackentasche. Dann verabschiedet er sich dankend und geht zurück in sein Elend. Nie weiß er, wenn er von uns geht, welche Arbeit anschließend auf ihn wartet. Aber er weiß sicher, dass es ohne Pause den ganzen Tag mit Arbeit weitergeht. Das steht fest, und allen anderen im Lager geht es genauso.

Am Nachmittag desselben Tages kommt, wie immer völlig überraschend, wieder einmal unser Spitzel. Er gibt sich heute besonders arrogant und überheblich. Kurz und bündig, ohne eine Miene zu verziehen, sagt er zu Mutter: »Heil Hitler, Frau Löhrer! Ich möchte Ihnen nur mitteilen, dass Sie ab dem ersten März weder die Hilfe Ihres polnischen Arbeiters noch die eines anderen Helfers in Anspruch nehmen dürfen!« Mutter fragt ihn ganz fassungslos: »Ja, und weshalb?« Er erwidert knapp und stramm: »Aus politischen Gründen, Heil Hitler!« Mit einer zackigen Bewegung, die bei seiner rundlichen Figur etwas lächerlich wirkt, ist er wieder fort.

Mutter ist sprachlos. Ist dieser Kerl jetzt total verrückt geworden? Woher nimmt er sich dieses Recht? Für jegliche

Auskunft über die Zwangsarbeiter, für Fragen, Beschwerden oder Anwerbungen, ist schließlich die Lagerverwaltung zuständig. Die müsste uns doch davon unterrichten, wenn Domanski nicht mehr bei uns arbeiten darf. Soll Mutter sich jetzt bei der Lagerverwaltung über die Gründe für diese Entscheidung erkundigen?

Was hat dieser Lump dort über uns erzählt und zusammengelogen? Natürlich sind wir für die Parteibonzen verdächtige Elemente. Der Bruder des Vaters ist fahnenflüchtig, vom Vater weiß man nichts Genaues, dafür umso mehr über die politische Gesinnung unserer Familie. Das alles reicht bei Weitem aus, um uns zu schikanieren und zu diskriminieren. Wieder einmal entscheidet sich Mutter dafür, klein beizugeben und zu schweigen. Sie wäre ja sowieso die Unterlegene bei dieser verschworenen Bande.

Eines aber ist für Mutter jetzt sicher: Das ist die Rache dieses kleinen Ungeheuers dafür, dass sie kürzlich gegen seine Ausfragerei aufbegehrt hat, und sie hat ja damit gerechnet, dass dieser Schuft das nicht einfach so hinnehmen würde. Jetzt hat er es geschafft. Und die größte Genugtuung für ihn wird sein, wenn er im Frühjahr und Sommer bei seinen täglichen Rundgängen Mutter im Garten rackern sieht.

Wir aber hoffen, dass Onkel Eugens Vorhersage stimmt und bis dahin der ganze Schwindel vorbei ist. Mutter wünscht keinem Menschen etwas Böses, aber sie sagt, wenn dieser Mensch sein Leben lang unbestraft bleibt, gibt es keine Gerechtigkeit mehr auf dieser Welt.

Warum muss sich Mutter so viel gefallen lassen? Sie macht doch nichts Unrechtes, sie ist überall beliebt und kommt mit der ganzen Nachbarschaft ganz wunderbar aus.

Auch Tante Anna hat die ganze Sache mitbekommen. Sie schimpft ganz fürchterlich und sagt immer wieder: »Der ekelhafte Kerl soll mich nur noch einmal besuchen wollen! Dem sage ich die Meinung, wie er sie noch nie gehört hat!« Sie ist ganz außer sich, doch Mutter beschwichtigt sie und gibt auch ihr den Rat, lieber zu schweigen. Ansonsten müsse auch sie für ihre Worte büßen, denn dem Spitzel wäre zuzutrauen, dass der dafür sorgt, dass Tante Anna bei uns ausziehen und nach Stuttgart zurück muss. Weil dieser Schmutzfink es eben versteht, sich bei allen, die etwas zu sagen haben, einzuschmeicheln. So erreicht er alles, was er will.

Mutter muss nun auch die schweren Arbeiten wieder alleine verrichten. Doch ist das für sie nicht das drängendste Problem. Noch schlimmer ist, dass Domanski nicht mehr zu uns kommen und seine kleine Freiheit genießen darf.

Werden diese Herren unserem Domanski wohl den Grund für seinen Arbeitsplatzwechsel mitteilen? Mit Sicherheit nicht. Er wird an anderer Stelle eingesetzt, und damit hat sich die Sache erledigt. Das Schlimmste aber wäre, wenn sie ihn anlügen und sagen würden, dass wir ihn nicht haben wollten. Auf jeden Fall werden wir ihn danach fragen, wenn wir ihm wieder einmal begegnen.

In drei Tagen ist der 1. März, und insgeheim hat Mutter immer noch die Hoffnung, dass der unglaubliche Auftritt des Spitzels vielleicht nur Theater war. Eine Szene, zu der er sich aus Wut über seinen Misserfolg beim Spionieren hat hinreißen lassen. Das ist zwar kaum vorstellbar, doch ist in diesen Zeiten alles möglich. Da kann man nur abwarten – bald werden wir es wissen.

Heute, am 3. März, wissen wir es. Es ist so gekommen, wie wir's befürchtet haben. Domanski ist fortgeblieben und wird auch nicht mehr kommen. Wir sind alle sehr traurig. Keine Fragen mehr an ihn, kein Wort zum Abschied, kein Dankeschön für seine immer korrekte, gewissenhafte Arbeit –

nichts. Diese Herren haben ihn uns herz- und rücksichtslos weggenommen – »aus politischen Gründen«.

Was wird in Domanski nun vorgehen? Es tut uns allen so sehr leid. Wir wissen, dass auch er wahnsinnig enttäuscht ist. Werden wir ihn überhaupt jemals wiedersehen? Und kommt er jemals wieder nach Hause zu seiner geliebten Mama, zum Papa und zu seiner kleinen Schwester in Polen?

Tante Anna weint. Auch sie hat Domanski in ihr Herz geschlossen, auch zu ihr war er immer sehr nett und hilfsbereit. Da sie keine Kinder hat, war er für sie wie ein Sohn.

Auch ich mochte ihn sehr. Zumal er mir versprochen hat, dass ich ihn später einmal, wenn ich größer bin, in Polen besuchen darf. Was ist jetzt mit den Zigaretten, die wir von Vater noch haben und Domanski nicht mehr geben können? Mutter sagt, die heben wir auf, denn vielleicht kommt er doch einmal wieder – vielleicht. Ganz lieb war Domanski auch zu meiner Miezekatze. Mit der hat er bei jeder Gelegenheit geschmust.

Vaters Freund Erich ist wieder mal bei uns. Er schaut jetzt ab und zu vorbei, um zu sehen, wie es uns geht, und berichtet, was es Neues gibt. In Ostdeutschland dringen die Russen immer weiter nach Westen vor, doch die Deutschen leisten heftigen Widerstand. Das kostet sehr viele Opfer. Die Städte werden bombardiert, hunderttausende von Menschen sind auf der Flucht, doch auf Hitlers Befehl muss für alle deutschen Soldaten das erfolglose Kämpfen weitergehen. Wie viel Leid und Elend hat dieser Krieg schon ausgelöst?

Jetzt, wo außer den fanatischen Nazis jeder weiß, dass es für uns keinen Sieg mehr geben kann, müsste doch kapituliert werden, um noch viel, viel Schreckliches zu verhindern. Doch unser größenwahnsinniger, machtbesessener, irrer »Führer« nimmt alles gnadenlos in Kauf. Es ist das Machtgehabe eines Wahnsinnigen.

So redet Vaters Freund und ist damit genau derselben Meinung wie Onkel Eugen, doch muss auch er vorsichtig sein. Nur bei uns darf er sagen, was er denkt. Ansonsten heißt es auch bei ihm schweigen und gute Miene zum bösen Spiel machen.

Mieze muss trösten

Mutter war, wie schon oft, beim Augenarzt und kommt mit einer unerfreulichen Nachricht nach Hause. Sie muss zu einer Augenoperation in eine Augenklinik, die circa 50 Kilometer von uns entfernt liegt. Ohne diese Operation würde sie erblinden. Wir sind natürlich alle deprimiert. Die Kriegswirren, Tante Anna und ich allein im Haus, dann Onkel Eugen – wie soll das alles gehen ohne Mutter?

Aber es muss gehen, und es geht auch. Mutter, die Allerärmste, macht uns wieder Mut. Sie ist überzeugt, dass wir beide das schaffen, dass sie bald alles überstanden hat und in kurzer Zeit wieder zu Hause ist. Ich denke nur: »Hoffentlich stimmt das auch!« Für mich ist diese Nachricht ein Schock, trotz Mutters Aufmunterung.

Ich habe Angst um meine liebe Mama, ich habe – trotz Tante Anna – Angst vor dem Alleinsein, ich habe Angst vor den nächtlichen Fliegeralarmen, ich habe jetzt einfach Angst vor allem. Könnte doch wenigstens Onkel Eugen bei mir sein! Ich bin so traurig und suche wie immer Trost bei meiner Miezekatze. Ihr Schnurren tut so gut.

Mutter muss jetzt alles mit uns besprechen und regeln; auch mit unseren lieben Nachbarn, die spontan ihre Hilfe anbieten. Tante Anna wird in dieser Zeit neben mir in Mutters Bett schlafen, damit ich nicht alleine bin. Darüber bin ich sehr froh, aber Mama wird mir trotzdem sehr fehlen.

Nun hofft Mutter inständig darauf, dass Onkel Eugen vor ihrer Abreise noch einmal kommt, damit sie ihm über ihren bevorstehenden Krankenhausaufenthalt Bescheid sagen kann. Andernfalls muss sie sich ausdenken, mit welchem Zeichen ich ihn warnen kann, damit er vom Haus wegbleibt und nicht ans Fenster klopft, weil Tante Anna ja immer noch nichts von ihm weiß.

Jetzt wird die Lage auch in unserem Städtchen ernst. Sämtliche Männer und Burschen, die noch daheim sind, müssen sich zum sogenannten Volkssturm melden. Mit Panzerfäusten sollen sie unsere Gegend verteidigen. Als Unterschlupf für diese Volkssturm-Männer werden an einer etwa 200 Meter von unserem Haus entfernten Hauptverkehrsstraße Schützengräben ausgehoben. Einer nach dem andern – es herrscht totale Hektik.

Soll aus diesen kleinen Löchern etwa gegen heranrollende Panzer gekämpft werden? Für alle, die beim Graben zuschauen, ist das unvorstellbar. Das sind ja die perfekten Todesfallen.

Unsere Parteigenossen sind hoch aktiv. Auf allen Straßen, an allen Ecken tauchen einzeln oder in Grüppchen Uniformierte auf, und dazwischen tummelt sich – wie immer unüberhörbar – unser Spitzel. Er ist mit Kontrollieren, mit Befehlen und mit Leuteanschreien jetzt voll ausgelastet.

So brauchen wir nun wenigstens keine Angst mehr zu haben, dass er nochmal zu uns kommt, um nach Onkel Eugen zu fragen. Für ihn sind die Vorbereitungen für den nahen Endsieg jetzt vorrangig.

Überall herrscht pure Nervosität. Was wird sich wohl auf unseren Straßen abspielen, wenn es dem Ende zugeht?

Ein Glück, dass Onkel Eugen wieder da ist. So kann Mutter ihm zwei Tage vor ihrer Abreise in die Klinik sagen, dass er vorläufig nicht mehr kommen kann. Sie erzählt ihm noch, was in der Zwischenzeit bei uns so gelaufen ist. Dass unser Domanski nicht mehr kommen darf, was sich unser Spitzel erlaubt hat, vom Volkssturm und von den Schützengräben.

Die Sache mit Domanski kann Onkel Eugen nicht verstehen. Doch meint auch er, dass unser Spitzel dabei die Hände im Spiel hatte. Und die hektische Aktivität der Parteigenossen ist für ihn der Beweis dafür, dass ihnen der Boden unter den Füßen zu heiß wird. Denn so naiv, dass sie vom nahen Ende ihrer Ära nichts mitkriegen würden, können selbst die nicht sein. An einen Widerstand des Volkssturms aus den Schützengräben glaubt Onkel Eugen nicht. Das wäre vollkommen sinn- und erfolglos.

Nach dem Abhören der Nachrichten ist Onkel Eugen wieder einmal ganz und gar überzeugt davon, dass der Anfang vom Ende gekommen ist. Weil die Situation jetzt durch den Aktionismus der aufgewühlten Genossen besonders gefährlich sei, wolle er erst in fünf, sechs Wochen wiederkommen. Also dann, wenn der Krieg zu Ende ist.

Mutters Befürchtung, dass bis dahin noch viele Menschen sterben müssen wegen des erbitterten deutschen Widerstands, will Onkel Eugen so nicht teilen. Dann reden die beiden noch viel und lange über die Ereignisse der vergangenen drei Jahre.

Es ist im Nachhinein kaum vorstellbar, was sich in dieser Zeit bei uns alles abgespielt hat. Dieses Riesenglück, nicht erwischt zu werden. Das Glück, dass Onkel Eugen keine Minute krank war, dass Mutter und Vater bei aller Angst ihre Kraft und Ausdauer nicht verloren haben – es ist einfach unbeschreiblich.

Natürlich freut sich Onkel Eugen riesig auf die nahe Freiheit, ganz fassen aber kann er alles dennoch nicht so richtig. Nach drei Jahren primitivstem Höhlenleben soll er nun bald ein freier, glücklicher Mensch sein?

Auf jeden Fall darf jetzt nichts mehr passieren, das wäre die größte Katastrophe für uns alle. So will Onkel Eugen seinen Bau – außer zum Wasserholen – bis zum Kriegsende nicht mehr verlassen. Bis das so weit ist, muss er ganz besonders auf der Hut sein, damit er nicht doch noch von einem der vielen umherstreifenden Parteigenossen geschnappt wird.

So reden die beiden über Vieles, und plötzlich muss Mutter weinen. Ihre Nerven liegen blank. Auch deshalb, weil wir von Vater so lange Zeit nichts mehr gehört haben. Wie wird es ihm wohl gehen, und weiß er überhaupt, was sich in diesen Tagen in Deutschland abspielt? Sicher macht er sich auch Sorgen um uns alle.

Auch an die bevorstehende Augenoperation denkt Mutter natürlich. Wird sie erfolgreich sein? Und was kann vor dem Kriegsende sonst nach alles passieren? Wie werden Tante Anna und ich ohne sie diese turbulenten Tage überstehen? Das sind alles Mutters Sorgen. Und hätte sie keine Angst, zu erblinden, würde sie sich in dieser Zeit auf keinen Fall operieren lassen.

Onkel Eugen macht Mutter wieder Mut. Obwohl auch er weiß, dass alles viel zu viel für sie ist. Das einzige Positive für uns ist, dass mein Bruder immer noch auf seinem Heimat-Stützpunkt ist. Doch wie es ihm dort geht, wissen wir auch nicht.

Bevor Onkel Eugen wieder geht, gibt er uns noch einige nützliche Anweisungen. Seit einigen Jahren schon liegt bei uns im Haus, verpackt in einem Karton, eine ziemlich große Hitler-Büste aus Bronze. Die Büste und das Buch »Mein Kampf« hatte Vater bei einer Ausstellung mit Ölgemälden als ersten Preis für eines seiner Bilder bekommen. Hitlers »Mein Kampf« haben Vater und Onkel Eugen gelesen, die Büste ist in der Schachtel geblieben. Doch sollen wir beides, so Onkel Eugen, bevor die Besatzungstruppen kommen, im Garten vergraben.

Würden die Befreier beim Durchstöbern des Hauses die Büste und das Buch finden, müssten sie uns ja für Hitler-Getreue halten.

Auch sollen wir die Hakenkreuzfahne verschwinden lassen, die auch wir, der Pflicht gehorchend, vor Jahren gekauft haben. Jedes Jahr an Hitlers Geburtstag, dem 20. April, musste die Fahne ja vor jedem Haus und an einer eigens dafür aufgerichteten Fahnenstange gehisst werden. Mit dem Vergraben von Büste und Buch ist Mutter einverstanden. Mit der Fahne aber hat sie etwas anderes im Sinn. Tante Anna oder ich sollen das Stück weißen Stoff mit dem Hakenkreuz darauf abtrennen und mit der Büste vergraben. Aus dem roten Fahnentuch aber will Mutter mir später ein Kleid nähen. Mutter hat einfach immer die besten Ideen, Not macht schließlich erfinderisch.

Onkel Eugen sagt, drei Jahre lang haben er und wir jetzt in dauernder Angst vor den Parteigenossen gelebt, nun aber seien die an der Reihe. Mancher von ihnen würde bald froh sein, könnte er sich in seiner Höhle verstecken. So wie unsere Hitler-Büste werde demnächst so manche Uniform, so mancher Orden und Ähnliches im Boden verschwinden. Die Parteigenossen selbst aber würden zitternd Unterschlupf in den Wäldern suchen. Dann wüssten auch sie, was Todesangst ist. Jedenfalls werde das Kontrollieren, Befehlen und Brüllen bald ein Ende haben. Klein wie die Fliegen würden diese machtbesessenen Menschen bald schon sein.

Ob alles so kommt, wie Onkel Eugen sagt? Unser Spitzel jedenfalls brüllt noch, und alle die andern sind auch noch überall anzutreffen, und zwar zahlreicher denn je.

An dem Tag, an dem die ersten fremden Panzer bei uns durchgerollt sind, will Onkel Eugen nach dem Gang durch unsere Straßen frei wie ein Vogel bei uns auftauchen. Mutter fragt, wie er sich das vorstelle, und was sei, wenn er dabei von den Besatzern angehalten würde. Die wüssten doch nicht, wo er herkomme und könnten ihn ja auch für einen Nazi halten.

Darauf Onkel Eugen lachend: »Mit denen werde ich schon klarkommen! Zur Not kann ich sie ja in meine Wald-Villa einladen.«

Ob wirklich alles so kommt, wie Onkel Eugen es sich vorstellt?

Mutter packt ihm wieder einige Lebensmittel ein und frische Wäsche. Ein feines weißes Hemd von Vater soll sie auch einpacken, wünscht sich Onkel Eugen. Er wird es tragen zur Feier seiner Befreiung.

Bevor er aufbricht, bleibt er noch kurz, ganz konzentriert horchend, vor der Tür stehen, um sich zu vergewissern, dass die nervösen Genossen nicht schon wieder unterwegs sind.

Doch es herrscht Totenstille draußen. So zieht Onkel Eugen, wie er meint, zum letzten Mal als Höhlenmensch von dannen. Natürlich hat er uns vor seinem Weggehen alles Gute und wieder viel Kraft für das Bevorstehende gewünscht – und Mutter viel Erfolg für ihre Augenoperation. Das wünsche auch ich mir von Herzen.

Allein mit Tante Anna

Vor ihrer Abreise in die Klinik ist Mutter jetzt ganz und gar überdreht. Obwohl Tante Anna und ich ganz sicher gut zurechtkommen werden, macht sie sich Sorgen und gibt uns ununterbrochen irgendwelche Anweisungen. Sie meint es ja so gut.

Dass wir auch ja die Tiere gut versorgen, mahnt sie und gibt uns an, wie viel sie zu fressen bekommen. Sie ermahnt mich, dass ich immer pünktlich zur Schule gehe, dass ich die Hausaufgaben pünktlich mache und dass wir, wenn es klingelt, nie die Haustüre öffnen, ohne uns vergewissert zu haben, wer davorsteht. Und dass wir uns von niemandem über unsere Familie ausfragen lassen und … und … und …!

Natürlich möchte sie auch, dass ich zu Tante Anna ganz lieb sein und ihr gehorchen soll. Auch das verspreche ich Mutter, doch weiß ich jetzt schon, dass mir das nicht immer leicht fallen wird. Tante Anna ist zwar nur zwei Jahre älter als Mutter und eine gepflegte, adrette Frau. Sie ist auch ganz lieb und fürsorglich zu mir, aber was die Jugend anbetrifft, hat sie schrecklich altmodische, regelrecht verbohrte Ansichten. Man merkt eben, dass sie keine eigenen Kinder hat.

Sicherlich verlangt Tante Anna von mir, dass ich jeden Tag ein Mittagsschläfchen mache, dass ich abends ganz früh zu Bett gehe, dass, wenn meine Freundin zu Besuch ist, wir uns ruhig verhalten und sie nicht stören. Außerdem wird sie uns ermahnen, dass wir beim Spielen nicht zu weit vom Haus fortgehen, dass ich immer die Hände wasche, wenn ich unsere Schmusekatze gestreichelt habe, und so weiter und so fort. Das wird sicher lustig werden!

Mutter zuliebe werde ich mich natürlich anstrengen, alles so gut wie möglich durchzustehen. Es ist ja nur für kurze Zeit.

Ansonsten werden wir schon alles miteinander meistern, Tante Anna und ich. Nur Eines können wir beide leider nicht: unsere Ziegen melken. So wird uns die Nachbarin, Frau Baiger, diese Arbeit abnehmen. Darüber sind wir sehr froh. Überhaupt will Frau Baiger jederzeit für uns da sein, falls Not am Mann ist. Mutter hat mit ihr auch besprochen, dass wir bei Fliegeralarm zu ihr in den Keller kommen, damit wir nicht so alleine sind. Das Hilfsangebot dieser Nachbarin ist für Mutter eine große Beruhigung, und sicher wird sie sich bei ihr erkenntlich zeigen dafür.

Nun, als Mutter alles vorbereitet hat, besucht uns noch Vaters Freund Erich. Er hat von einer Nachbarin erfahren, dass Mutter in die Klinik muss. So wünscht er ihr alles Gute, und dass sie noch rechtzeitig vor dem Kriegsende nach Hause kommt.

Wie für Onkel Eugen, so ist jetzt auch für ihn alles klar. Er sagt: »Jetzt wird es für den Eugen lebensbedrohlich. Wenn diesen so lange siegessicheren Hitlergetreuen das Ende vor Augen steht, werden die noch einmal ausrasten und aufräumen. Als ein stadtbekannter, hartnäckiger Regime-Gegner sei er für die in Panik geratenen Hitleranhänger eine willkommene Zielscheibe. Deshalb wolle er sich zu gegebener Zeit in einem bereits dafür ausgeguckten sicheren Bunker verstecken. So lange, bis alle »Braunen« von der Bildfläche verschwunden sind. Dann wird er uns wieder besuchen in der Hoffnung, auch Onkel Eugen bei uns zu treffen. Erich erzählt Mutter alles, selbst den Ort des Bunkers nennt er ihr. Er weiß ja: Wir können schweigen.

Jetzt, am 10. März, ist Mutter bereits abgereist. So sind wir beiden, Tante Anna und ich, nun die Hausverwalter. Der Abschied von Mutter war sehr schwer für mich. Aber ich war ganz stark und habe nicht geweint, damit meine Mama nicht so traurig weggeht. Meine Gedanken sind jetzt nur noch bei ihr.

Ist sie gut am Bahnhof angekommen? Hat sie später, beim Umsteigen, auch den richtigen Zug erwischt? Wird sie den Weg zur Klinik finden? Und werden die Menschen dort gut zu ihr sein? So viele Fragen, so viele Sorgen. Immer wieder gehen mir so viele Fragen durch den Kopf.

Jedenfalls wird sie mit frisch operierten Augen wohl kaum schreiben können. So werden wir so bald auch nicht erfahren, wie es ihr geht. Doch wollen wir uns in der Hoffnung, dass die Operation gelingt und dass Mutter ihr Augenlicht nicht verliert, gern gedulden. An das Schlimmste darf ich und will ich einfach nicht denken. Sonst werde ich nicht mehr froh.

Tante Anna und ich gehen zum Bäcker, um die uns zugeteilte Ration Brot zu holen. Wir betreten den Laden und erblicken zwischen den anderen Kunden, die sich angeregt unterhalten, unseren Spitzel und die Frauenschaftsführerin, die Mutter zum Eintritt in ihre Organisation überreden wollte.

Hätten wir das geahnt, hätten wir den Laden gar nicht erst betreten. Doch so schnell können wir das Geschäft jetzt nicht wieder verlassen. Außerdem brauchen wir vor denen auch nicht zu flüchten.

Mit übertriebener Freundlichkeit kommt unser Spitzel auf uns zu und begrüßt uns mit Handschlag. Es ist geradezu ein Wunder, dass er Tante Anna nicht abküsst. Er freut sich angeblich riesig, dass er sie mal wieder sieht, und stellt Tante Anna seiner Gesprächspartnerin als die Schwester meiner Mutter vor. Auch sagt er ihr, weshalb Tante Anna bei uns ist.

Wieder diese überschwängliche Freundlichkeit! Unter anderem will die Frauenschaftsführerin von Tante Anna wissen, ob sie auch nach dem Endsieg noch hierbleiben werde. Tante Anna sagt, sie wisse das noch nicht. Sie wisse ja nicht einmal, ob ihre Wohnung in Stuttgart überhaupt noch existiere oder ob sie ausgebombt sei.

Die Schöntuerei der beiden ist dermaßen abstoßend, dass sie selbst bei Tante Anna nicht die geringste Freundlichkeitsregung auslöst. Einiges Belanglose hat der Spitzel nun noch parat, doch Mutter erwähnt er mit keinem Wort. Demnach weiß er nicht, dass sie derzeit in der Klinik ist – zum Glück. Nun klopft er Tante Anna auf die Schulter und sagt lachend: »Also, euer Fahnenflüchtiger, der wird jetzt ja wohl nicht mehr auftauchen nach so langer Zeit.« Tante Anna erwidert: »Das glaube ich auch nicht – wenn er überhaupt noch lebt.« Ach, wenn sie wüsste, dass er, wenn alles gutgeht, bald in voller Größe vor ihr stehen wird. Dass der Spitzel vor allen Kunden so laut und deutlich von Onkel Eugen und seiner Fahnenflucht geredet hat, war auch nicht gerade taktvoll, finde ich. Aber da hilft nur eins: Augen zu, Ohren zu und durch!

Während Tante Anna ihren Einkauf erledigt, unterhalten sich der Spitzel und die Frauenschaftsführerin weiter. Beim Verlassen des Ladens wendet sich die »Dame« noch einmal an Tante Anna: »Ich wünsche Ihnen weiterhin noch eine schöne Zeit bei uns! Grüßen Sie ihre Schwester und sagen Sie ihr, wir werden unser Versprechen halten! – Heil Hitler!« Tante Anna entgegnet: »Danke, ich werde es ausrichten.«

Für Tante Anna war diese Verabschiedung ganz alltäglich, für mich aber war sie ein Stich ins Herz. Weil, ich weiß ja noch ganz genau, was sie Mutter versprochen hat. »Solche Frauen werden später alle an die Wand gestellt!«

Jetzt bekomme ich wahnsinnige Angst um meine Mama, und weinend frage ich die Tante auf der Straße, ob die das auch machen werden, wenn wir den Krieg nicht gewinnen?

Tante Anna verneint das und tröstet mich, obwohl sie wütend ist, und sie schimpft auf der ganzen Wegstrecke vor sich hin.

Warum nur musste diese Frau so etwas Böses sagen? Wenn meine arme Mama das gehört hätte! Ich bin untröstlich. Ich stelle mir das Allerschrecklichste vor und will jetzt nur noch auf dem schnellsten Weg nach Hause zu Mieze. Denn wenn ich traurig bin, tröstet sie mich mit ihrem Geschnurre und Geschmuse. Meine Tigermieze ist einfach das anhänglichste und allerliebste von allen unseren Tieren. Obwohl ich die anderen natürlich auch mag.

Sieben Tage ist Mutter nun schon fort, und wir haben noch nichts von ihr gehört. Sie fehlt mir so sehr. Tante Anna und ich verstehen uns zwar gut, doch ärgere ich mich ab und zu über ihre veralteten Ansichten. Das Schlimmste für mich ist, dass sie immer dann, wenn wir am frühen Abend draußen spielen, viel zu früh auftaucht, um mich ins Haus zu rufen mit der Bemerkung, dass es nun bald Zeit zum Schlafen sei. Voller Wut muss ich dann als Einzige so zeitig nach Hause. Aber ich beherrsche mich. Ich weiß ja, dass sie es gut meint und Mutter bald wieder daheim sein wird.

Oft bin ich als Kindsmagd bei unserer Nachbarin. Auch ihr habe ich vom »Versprechen« der Frauenschaftsführerin beim Bäcker erzählt. Sie weiß von Mutter davon und sagt, ich brauche keine Angst zu haben, es werde nichts passieren. Sie hilft uns sehr viel beim Versorgen der Tiere, und auch für uns würde sie, falls nötig, alles tun. Das ist gut zu wissen.

Schon zweimal waren wir nachts, bei Fliegeralarm, bei ihr im Keller. Auch darüber war ich sehr froh. Tante Anna hätte Todesängste ausgestanden allein mit mir in unserem Keller.

Das Dröhnen der Bomber über uns ist ohne Mutter für mich schrecklich. Als sie bei uns war, habe ich das nie als so schlimm empfunden.

Tagsüber läuft ringsum alles gut, nur die Nächte sind seit dem Gespräch im Bäckerladen schlimm für mich. Oft wache ich an Alpträumen auf und habe die schrecklichsten Bilder vor Augen. Und ich habe furchtbare Angst um Mama. Trotz gutem Zureden und Trost von Tante Anna habe ich große Sehnsucht nach Mama, Papa, nach meinem Bruder und nach Onkel Eugen.

In der Schule wurde ich schon ein paarmal zu größerer Aufmerksamkeit ermahnt, was bei mir bisher noch nie nötig war. Ich kann mich vor Angst und bei diesen grauenhaften Vorstellungen einfach nicht konzentrieren. Mir kommen sogar so schreckliche Gedanken wie die, dass diese »Bösen« Mutter aus der Klinik holen und nicht mehr nach Hause lassen. Alles, nur nichts Rechtes geht mir durch den Kopf. Wenn Mutter nur bald heimkommen würde.

Mutter ist nun schon zehn Tage fort, und wir haben immer noch keine Nachricht von ihr. Irgendetwas stimmt da nicht. Es liegt etwas in der Luft, doch wissen wir zwei »Damen« einfach nicht, was. Grüppchenweise stehen die Menschen auf der Straße, die Uniformierten treffen sich bei unserem Spitzel im Haus oder besichtigen im Beisein von Volkssturm-Männern die vielen, so sorgfältig ausgehobenen Schützengräben.

Es wird bekanntgegeben, dass wegen der »angespannten Kriegslage« Sonderzüge in Richtung Süden fahren. Die Abfahrtszeiten und die zugelassene Menge an Gepäck würden noch bekannt gegeben. Allen, die dieses Angebot nicht in Anspruch nehmen wollen, wird empfohlen, die lebensnotwendigsten Dinge auf irgendeinen fahrbaren Untersatz zu packen und für eine eventuelle Zwangsevakuierung bereitzustellen.

All das ist für Tante Anna und für mich wie ein Schlag ins Gesicht. Sollten wir etwa fortmüssen, solange Mutter noch nicht da ist? Nie im Leben werde ich ohne sie weggehen, und wenn ich hier sterben muss. Was würde sie wohl machen, wenn sie von der Klinik käme und wir wären nicht mehr da?

Es ist nicht auszudenken. Es sind ganz furchtbare, angsterfüllte Vorstellungen für mich.

Onkel Eugen dürfte ja auch nicht mit, aber ich könnte ihn auch nicht hierlassen, so ganz allein. Es ist alles so schrecklich!

Tante Anna sagt, dass wir jetzt erst mal gar nichts machen, weder zusammenpacken noch wegfahren. Sie ziehe auf keinen Fall noch einmal um. Damit ist der Fall für sie erledigt, und sie will nichts mehr davon hören.

Ich habe Angst, weil ich nicht weiß, was das alles zu bedeuten hat, und jetzt kann ich hier zuhause mit niemandem darüber sprechen.

Wie schon öfters, gehe ich zu unserer lieben Nachbarin, um sie zu fragen, was ich nur machen soll ohne meine Mutter und mit einer Tante, die meine Fragen nicht interessieren.

Die Nachbarin ist immer so lieb zu mir, mit ihr kann ich über alles reden und sie auch nach allem fragen. Bei ihr finde ich all das, was ich bei Tante Anna so sehr vermisse.

Frau Baiger sagt mir, dass wir auf keinen Fall mit einem dieser Züge wegfahren werden. Aber einen Leiterwagen wolle sie schon mit dem Nötigsten bepacken, und auch ich solle das machen. Wenn Tante Anna mir dabei nicht helfe, wolle sie das machen und mir auch sagen, was ich dafür bereitlegen solle.

Sollte es tatsächlich so weit kommen, dass wir gehen müssen, dann würde auch Mutter mit uns gehen. Bis dahin sei sie sicher wieder da. So bin ich jetzt etwas beruhigt, habe aber dennoch meine Zweifel, ob alles klappen wird.

Als ich Tante Anna von meinem Gespräch mit Frau Baiger erzähle, und auch davon, dass ich unseren Leiterwagen bepacken werde und dass die Nachbarin mir dabei helfen werde, wenn sie nicht wolle, ist's für sie zu viel.

Rot vor Zorn schreit sie mich an, dass es unsere Nachbarin überhaupt nichts angehe, was wir tun und treiben, dass ich so viel auf den Leiterwagen packen solle, wie ich wolle, dass sie mir dabei aber keinesfalls helfen werde und dass sie von all dem kein Wort mehr hören wolle.

Ich bin wieder tief enttäuscht und schreie sie zum ersten Mal an: Dass sie mir bei überhaupt nichts helfen brauche, dass ich alles der Mutter sagen und dass ich nie mehr mit ihr reden würde. Sie sagt darauf kein Wort, blickt mich kurz strafend an, dreht sich um, knallt die Tür hinter sich zu, und weg ist sie. Vermutlich, denke ich, wird sie jetzt ihr gewohntes Mittagsschläfchen machen.

In meinem Trotz hole ich die Hakenkreuzfahne und trenne den weißen Kreis vom roten Stoff. Ich mache das, obwohl Tante Anna mir dieses Geschäft nicht zugetraut hat. Aber ich bin nun einmal wütend und will sie jetzt einfach ärgern, egal womit.

Es ist tatsächlich eine sehr knifflige Arbeit, bei der ich genau aufpassen muss, dass der rote Stoff nicht beschädigt wird, weil: Der soll sich ja in ein Kleid für mich verwandeln.

Also strenge ich mich wahnsinnig an und freue mich schon auf Tante Annas große Augen. Soll sie sagen, was sie will – die Abtrennerei hat geklappt. Nach dieser Feinstarbeit hole ich noch die Hitler-Büste, und ab geht's in den Garten.

Jetzt muss ich im Garten zuerst eine etwas versteckte Stelle suchen, an der die Erde locker ist. Begleitet werde ich dabei auf Schritt und Tritt von meiner Miezekatze. Sie ist zurzeit einfach meine Treueste und Liebste.

Neben einer Johannisbeerhecke mache ich mich an die Arbeit. Ich hacke wie ein Weltmeister, bis das Loch die erforderliche Größe hat. Jetzt ist's geschafft. Büste und Hakenkreuztuch sind begraben, und ich bin riesig stolz auf meine Leistung. Gerade bin ich dabei, die Oberfläche einigermaßen einzuebnen, als meine liebe Tante daherkommt. Ich rechne mit einer weiteren Gardinenpredigt, aber es passiert nichts dergleichen. Sie tut so, als ob nichts gewesen wäre, und fragt nur, wo ich wohl das rote Fahnentuch verstecken werde.

Ich sage ihr, dass ich das noch nicht wisse, obwohl ich mir schon ein Versteck ausgesucht habe. Obwohl ich eigentlich noch mit ihr beleidigt bin, bin ich doch froh, dass sie mit mir spricht. Ich hatte schon heimlich Angst, dass sie wieder in ihrem Zimmer und nicht mehr neben mir in Mutters Bett schlafen würde. Also rede ich halt auch wieder mit ihr – wenn auch nicht gerade gern.

Sicher hat sie mir beim Buddeln des Lochs heimlich zugeschaut, denn sonst wäre sie nicht wie aus heiterem Himmel vor mir gestanden. Sie rechnete wohl damit, dass ich sie um Hilfe bitte beim Graben. Das aber war falsch gedacht, denn ich habe es alleine geschafft. Immerhin hätte sie mir ja ein kleines Lob aussprechen können. Aber es kommt nichts, kein Wort.

Also soll sie zur Strafe auch nicht erfahren, wo ich das Fahnentuch verstecke. Ich rolle es in ein altes Tuch und stecke es in den unbeheizten Kanonenofen, der im Zimmer meines Bruders steht, und obenauf lege ich ein paar Scheitchen Holz. Das ist in meinen Augen ein ideales Versteck. Das Hitler-Buch aber stecke ich einfach im Bücherschrank hinter die anderen Bücher. Verbrennen können wir's ja dann immer noch. Zuerst aber will ich Onkel Eugen dazu um Rat fragen.

Inzwischen lässt mir die Sache mit dem Leiterwagen keine Ruhe mehr. Ich will ihn jetzt einfach bepacken. So ungefähr weiß ich ja von der Nachbarin, womit ich ihn beladen soll.

Also suche und trage ich alles zusammen, wie mir gesagt wurde und was mir als lebenswichtig erscheint. Als ich alles aufgetürmt habe, ist das Wägelchen hoch beladen. Ich spanne ein Laken darüber, binde es an allen vier Ecken fest und fertig ist die Fuhre. Das war Schwerstarbeit für mich, doch ich will Tante Anna, die jetzt ihr Mittagsschläfchen macht, zeigen, dass ich auch ohne ihre Hilfe etwas zustande bringe. Auch unserer Nachbarin werde ich voller Stolz zeigen, was ich geschafft habe. Ich kann schließlich etwas, denn in ein paar Wochen werde ich ja schon elf.

Jetzt kommen bei mir wieder schreckliche Fragen und Gedanken auf. Was machen wir mit unseren Tieren, wenn wir wegmüssen? Meine Tigermieze könnte ich ja in einem Körbchen mitnehmen, aber unsere Hasen, Hühner und Ziegen? Die lasse ich nie und nimmer alleine zurück. Entweder kommen die mit oder ich bleibe bei ihnen. Das sind jetzt wieder große Probleme für mich, doch ich hoffe, dass Mutter für alles eine Lösung finden wird. Vorher aber muss sie erst einmal zurückkommen!

Vaters Freund Erich hat auf einen Sprung vorbeigeschaut, denn er will wissen, wie es bei uns so läuft. Wieder hören wir von ihm, dass in Kürze alles vorbei sei. Er meint, dass es allmählich höchste Zeit werde, dass Mutter nach Hause kommt. Zugleich sagt er aber, sicherlich um uns die Angst zu nehmen, dass bestimmt alles gut ausgehe. Als ich ihm meinen vollbeladenen Leiterwagen vorführe, meint er, die Arbeit hätte ich mir sparen können. »Wir müssen nicht von hier weg!« Er verabschiedet sich, und nur ich allein weiß, dass auch er sich verstecken wird wie Onkel Eugen.

Mutters Rückkehr

Wir zwei »Damen« sitzen gemütlich beim Abendbrot, als es an der Haustüre klingelt. Bevor ich öffne, muss ich immer zuerst durch einen kleinen, offenen Fensterspalt schauen, um zu sehen, wer uns besuchen möchte. Vor der Türe steht meine Mama!

Wie im Traum öffne ich ihr, ich kann nur »Mama« sagen und muss vor Freude und Überraschung weinen wie ein kleines Kind. Sie hält mich in den Armen, küsst und drückt mich ohne Ende. Auch sie ist sichtlich froh und erleichtert, dass sie wieder zu Hause ist.

Ich bin jetzt das glücklichste Mädchen auf der ganzen Welt. Es ist so wohltuend, Mutters Wärme und Nähe zu spüren. Ich möchte sie nicht mehr loslassen. Auch Tante Anna kommen Freudentränen. Wir sind einfach alle im Glückstaumel.

Mutter hat noch rote, blutunterlaufene Augen, deshalb muss sie vorläufig eine Sonnenbrille tragen. Alle Patienten der Klinik, berichtet Mutter, wurden vorzeitig und die meisten von ihnen auch noch nicht geheilt entlassen. Aus welchem Grund, wurde niemandem gesagt, aber es wurde gemunkelt, dass der Chefarzt ein Ober-Nazi sei, und jetzt sei ihm der Boden unter den Füßen zu heiß geworden.

Wir hoffen, dass bei Mutter keine Komplikationen auftreten, denn ihre Augen sehen wirklich schlimm aus. Zuerst muss sie sich jetzt etwas ausruhen, denn sie ist völlig erschöpft. Die drei Kilometer vom Bahnhof im Tal bis zu uns nach Hause musste sie mit ihrer schweren Tasche bewältigen. Der Weg geht fast ununterbrochen bergauf.

Unsere Nachbarin, Frau Baiger, kommt mit einem schönen Blumenstrauß zum Empfang, worüber Mutter sich sehr freut. Sie bietet sich auch an, bis auf Weiteres unsere Ziegen zu melken. Zumindest so lange, bis Mutters Augen wieder gut sind. Und auch sonst will sie notfalls für uns da sein.

Noch nie habe ich mich aufs Zubettgehen so gefreut wie heute. Wenn Mama mir nahe ist, plagen mich diese schrecklichen Angstgefühle sicher nicht mehr. Meine Tigermieze darf auch wieder zu mir ins Bett, was meine Tante nie zugelassen hat. Da musste die Katze im Keller schlafen. Auch das werde ich meiner lieben Tante nie vergessen.

Mutter hat uns viel zu erzählen, darunter auch Schlimmes. Sie ließ von einer Zimmerkollegin zweimal eine Karte schreiben, um uns mitzuteilen, wie es ihr geht. Keine der Karten ist bei uns angekommen, worüber sie sehr enttäuscht ist.

Auf der Fahrt zur Klinik musste sie auf halber Strecke umsteigen, dann fiel der Zug, der sie zum Ziel bringen sollte, aus. Überall war großes Durcheinander, keine Zugverbindung stimmte mehr.

Auf dem Bahnsteig lernte Mutter eine Frau und einen Mann kennen, die beide auch auf dem Weg in die Klinik waren.

Den dreien blieb nichts anderes übrig, als die restlichen 20 Kilometer zu Fuß zu gehen. Nach einer kurzen Strecke Fußmarsch aber hielt neben ihnen ein deutsches Militärfahrzeug. Die zwei darin sitzenden Soldaten boten an, die drei »Wanderer« mitzunehmen. Was natürlich gern und dankend angenommen wurde.

Die Freude über dieses gut gemeinte und hilfreiche Angebot aber hielt nicht lange. Ein Soldat schrie plötzlich: »Alles raus, Tiefflieger!« Alle, Fahrer sowie die Mitfahrenden, konnten sich in letzter Sekunde noch in den Straßengraben werfen. Schon war das Fahrzeug durchlöchert und der Tiefflieger wieder weg. Die im Graben Liegenden blieben unverletzt.

Aber Mutter sagt: »Es war schrecklich, ich hatte den Tod vor Augen.«

Nachdem sich alle von diesem Schrecken erholt hatten, ging der Fußmarsch weiter, noch etwa zwölf Kilometer. Die Soldaten, die auch ziemlich geschockt waren, blieben bei ihrem nun fahruntüchtigen Fahrzeug. Mutter hatte Mitleid mit ihnen, aber es war für alle trotz allem ein großes Glück. Schließlich kamen die drei erschöpft in der Klinik an und harrten der Dinge, die da kommen sollten.

Tags darauf mussten sich alle Neuankömmlinge beim Chefarzt vorstellen. Nachdem Mutter aufgerufen worden war, betrat sie sein Zimmer und grüßte mit »Guten Tag«.

Der Chefarzt, ein Mann mit eiskalten Gesichtszügen, wies mit der Hand zur Tür und schrie mehr, als er sprach: »Verlassen Sie sofort diesen Raum und treten Sie mit dem deutschen Gruß wieder ein. So, wie es sich für eine deutsche Frau gehört!«

Mutter kam sich vor wie ein Stück Dreck. Doch hatte sie ja keine andere Wahl, als dieses Kommando zu befolgen. Sie war auf die Hilfe dieses Bonzen schließlich angewiesen. Aber sie war so wütend, dass sie am liebsten wieder abgehauen wäre.

Ansonsten war alles den Umständen entsprechend ganz in Ordnung. Sie hatte nette Zimmerkolleginnen, und sehen konnte sie ja sowieso kaum etwas.

Alle Patienten hatten Angst, dass sie vor Kriegsende nicht mehr nach Hause kommen würden. Richtig Bescheid aber wusste niemand. Die einen sagten, die Russen werden kommen, die anderen, dass die Franzosen oder die Engländer zuerst da sein werden. Vom Endsieg aber sprach kein Mensch mehr.

Mag jetzt kommen, was will, wir sind wieder beisammen und müssen eben abwarten, was passiert. Seit Onkel Eugen nicht mehr kommt und uns berichtet, was der Geheimsender meldet, wissen wir nichts mehr. Außer den Gerüchten, die man von den Leuten hört.

Ich erzähle Mutter, wie es bei uns gelaufen ist, aber von dem Vorfall mit der Frauenschaftsführerin sage ich nichts. Diese Aufregung will ich ihr ersparen. Wir reden auch viel von Vater und von meinem Bruder, weil wir von beiden nach wie vor nichts gehört haben. Darüber macht sich Mutter natürlich große Sorgen.

Über Onkel Eugen können wir nur sprechen, wenn Tante Anna nicht dabei ist. Obwohl sein Dasein bei uns immer mit Ängsten verbunden ist, fehlt er uns. Wie wird es ihm gehen?

Meinen kunstvoll bepackten Leiterwagen zeige ich Mutter voller Stolz, und sie lobt mich für meine Mühe. Aber sie glaubt auch nicht daran, dass wir gehen müssen.

Anscheinend habe ich das Richtige aufgeladen. Allerdings meint Mutter lächelnd, seien die Gardinen, die ganz oben liegen, wohl doch nicht unbedingt lebenswichtig. Ich bin nun zwar ein bisschen enttäuscht, aber eigentlich hat sie ja Recht.

Mutter bekommt von einer Familie, bei der sie vor ihrer Augenoperation im Haushalt geholfen hat, ein Paket zur Heimkehr. Darin sind Kaffee, Tee, Zucker, Schokolade, Bonbons, zwei Paar Strümpfe, ein warmer Schal, dazu passende Handschuhe, Seife, Waschpulver – alles gute, neue Sachen. Es ist wie ein Wunder, denke ich, dass es Leute gibt, die solche Sachen jetzt noch haben. Eine schöne Karte mit guten Wünschen und mit Dankesworten für die zuverlässige, saubere Arbeit im Haushalt ist auch dabei.

Mutter freut sich riesig, und ich bin stolz auf sie. Sie ist überall so beliebt. Ich freue mich natürlich auch über die Schokolade und die Bonbons.

Wir erfahren, dass viele polnische Zwangsarbeiter inzwischen auf einem Lastwagen weggefahren wurden. Warum und wohin, weiß niemand.

Ist Domanski möglicherweise dabei? Wir haben ihn, seit er von uns abkommandiert wurde, nicht mehr gesehen. Kommen diese Menschen vielleicht in ein anderes Lager? Nach Hause kommen sie bestimmt nicht, und erfahren werden wir es auch nicht. Zu schön wäre es, wenn unser Helfer wieder einmal bei uns auftauchen würde.

Es ist der 15. April, und es brodelt an allen Ecken und Enden. Zum Schulunterricht muss ich inzwischen nicht mehr gehen, denn alle Schulen sind geschlossen. Die Sonderzüge sind bereits abgefahren, ob von unserer Siedlung jemand dabei ist, wissen wir nicht.

Die Menschen kaufen wahllos alles, was ihnen auf ihre Lebensmittelmarken noch zusteht und was in den Geschäften noch vorrätig ist. Von den uniformierten Parteigenossen sieht man nur noch einzelne. Unser Spitzel aber ist nach wie vor nicht zu überhören. Wie von der Tarantel gestochen rast er durch die Gegend und fordert die Leute zur Verteidigung unserer Siedlung auf.

Mit eigenen Augen habe ich gesehen, wie ein Parteigenosse seine Uniform im Garten vergraben hat – wie von Onkel Eugen vorausgesagt. Wir sehen auch, wie an unserem Haus vorbei jetzt »Braune« in Zivil und vollbepackt in Richtung der Wälder gehen. Sicherlich werden sie dort nach Verstecken forschen, um unterzutauchen, wenn ihnen das Wasser bis zum Hals steht. Wir alle haben natürlich auch Angst, denn keiner weiß, was alles noch kommt und wie alles ausgeht.

Zwei Tage später gehen Volkssturm-Männer an unserem Haus in Richtung des nahen Walds und werfen dort ihre

Panzerfäuste weg. Das gibt uns die Sicherheit, dass von den Schützengräben aus kein Widerstand geleistet wird.

Es ist der 18. April, und Mutter geht mit mir zu unserem Bäcker. Wir bekommen zwar noch, was uns zusteht, aber die sonst so schön gefüllten Regale sind bereits leer. Von fern hört man ein unaufhörlich monotones Gedröhne. Die Leute sagen, das seien die Panzer, und man hört sie gut, obwohl sie noch weit weg sind.

Den ganzen Tag und die ganze Nacht hört man dieses Gedröhne, einmal lauter, einmal weniger laut. Unsere Nachbarin hat große Angst mit ihren vier Kindern. Mutter, Tante Anna und ich gehen zu ihr, denn zusammen erträgt sich die Angst leichter.

Es ist lange nach Mitternacht, und die kleineren Kinder schlafen, als wir nach Hause gehen. Ich falle todmüde ins Bett und schlafe wie ein Murmeltier. Mutter und Tante Anna aber haben kein Auge zugemacht, wie sie am anderen Morgen erzählen.

Wie wird es Onkel Eugen in seinem Versteck wohl zumute sein? Er kann ja keine Nachrichten mehr hören oder zu uns kommen, um sich zu informieren. Das wäre viel zu gefährlich. Sitzt er vor oder in seiner Höhle und wartet, bis er, wie er sagte, das Gerassel der »anderen« Panzer hört? Wir denken jetzt viel an ihn, und ich bemerke, dass meine Mama unruhig ist. Die Ungewissheit, wie alles enden wird, und ob wir alle mit dem Leben davonkommen, zehrt an ihren Nerven.

Kriegsende

Jetzt, früh am Morgen des 20. April, wird das Dröhnen und Gerassel der Panzer immer durchdringender. Die »Braunen« sind jetzt verschwunden, doch unser Spitzel rennt händeringend durch die Straßen und schreit immer wieder: »Unsere Siedlung darf nicht fallen, unsere Siedlung darf nicht fallen!« Mutter sagt: »Der kann doch nicht mehr normal sein.«

Wir und auch viele unserer Nachbarn gehen in den Garten, weil man von dort vielleicht sehen kann, aus welcher Richtung das Gedröhne kommt. Wir hören, sehen und wissen jetzt jedenfalls, dass die Panzer anrollen. Sie werden in kürzester Zeit an den leeren Schützengräben oberhalb unserer Häuser vorbeirasseln. Vorerst aber ziehen wir uns alle in unsere Häuser zurück und schließen uns ein. Alle Frauen und Kinder werden von Angst beherrscht.

Es ist früh am Nachmittag, und auf der Straße rollen ungehindert die erderschütternden Kolosse. Viele Kinder laufen in Richtung des Lärms, um dieses für sie fremde und unerklärliche Geschehen zu erleben. Natürlich bin auch ich neugierig, und Mutter erlaubt mir, auch zur Straße hinaufzugehen. Oben angekommen, traue ich meinen Augen nicht. So riesig also sehen Panzer aus. Und manche davon sind behängt mit Hitlerbildern und Hakenkreuzfahnen.

Die Soldaten auf den Panzern winken freundlich und werfen uns Bonbons und Kaugummis zu. Deshalb kann ich nicht verstehen, warum die Menschen solche Angst haben. Diese Soldaten sind doch so nett und tun niemandem etwas Böses!

Ein Panzer folgt auf den anderen, die Kolonne hört nicht auf, und wir Kinder haben die Hände voller Süßigkeiten.

Woher diese Soldaten wohl kommen? Auf jeden Fall sprechen sie nicht wie wir, und Dunkelhäutige sind auch dabei. Solche Menschen habe ich noch nie gesehen, die anderen Kinder auch nicht. Also sind es für uns einfach »schwarze« und »andere« Soldaten. Es macht riesigen Spaß, diese sonderbaren, lauten und riesigen Fahrzeuge vorbeirollen zu sehen und dabei noch mit Süßigkeiten verwöhnt zu werden. Wenn das mein lieber Onkel sehen könnte, würde er sich sicherlich auch freuen. Von den geschenkten Bonbons spare ich natürlich extra welche für ihn auf.

Wieder zu Hause, schauen wir hinter dem Vorhang durchs Fenster zur Straße, auf der nun auch schon andere Militärfahrzeuge fahren. Es seien Franzosen und Marokkaner, sagt Mutter.

Wir sehen, wie vor einem unserer Nachbarhäuser ein Fahrzeug anhält und wie zwei Soldaten mit Gewehren ins Haus gehen, nachdem ihnen die Frau geöffnet hat. Doch nicht nur die Frau ist im Haus, es sind auch noch zwei Kinder drin. Mutter ist ganz aufgeregt, aber schon nach kurzer Zeit verlassen die beiden das Haus wieder. Einer hat eine Flasche in der Hand. Sie steigen wieder ein und fahren weg. »Die wollten nur Alkohol«, sagt Mutter.

Wir stehen noch lange am Fenster. Aber eigentlich warte ich jetzt nur noch auf Onkel Eugen. Das aufregendste und schönste Ereignis, nämlich sein Kommen, steht uns ja noch bevor. Er wollte doch sofort zu uns eilen, wenn alles vorbei ist. Hoffentlich ist er gesund und es läuft alles so, wie er es geplant hat. Wenn ich wüsste, wann und woher genau er kommt, ich würde ihm auf der Stelle entgegenrennen.

Mutter meint, dass er vorsichtshalber vielleicht die kommende Nacht noch in seiner Höhle bleibt. Das glaube ich ihr jedoch nicht, denn er hat versprochen, dass er bei uns sein wird, sobald die ersten Panzer vorbeigerollt sind. Wurde er möglicherweise als vermeintlicher Nazi festgenommen und nicht mehr freigelassen? Mir gehen wieder die schlimmsten Gedanken durch den Kopf.

Nichts von dem, was jetzt rund um uns her geschieht, interessiert mich mehr. Ich will nur noch meinen Onkel sehen. Er muss doch hören, dass die Panzer schon da sind, ich habe sie ja schon gesehen. Mutter sagt nur: »Abwarten!«

Gegenüber Tante Anna müssen wir, wenn Onkel Eugen da ist, natürlich eine Notlüge gebrauchen. Dass er gesucht wurde, weiß sie zwar, aber nicht, dass er immer wieder bei uns war. Sie würde es uns ihr Leben lang nicht verzeihen, dass wir sie nicht in unser Geheimnis eingeweiht haben. Selbst dann, wenn Mutter ihr sagen würde, dass wir nur auf ihre Nerven Rücksicht genommen haben, wäre sie tödlich beleidigt. Das möchte Mutter natürlich auf keinen Fall.

Aber Onkel Eugen wird sich sicher bereits etwas ausgedacht haben, womit er Tante Annas Neugier stillen kann. Mutter und ich werden dann schweigend zuhören, was für uns sicher ganz interessant und auch unterhaltsam sein wird.

Trotz aller Aufregung und Angst haben Mutter und ich noch einen weiteren Grund zum Lachen. Seit Tante Anna weiß, dass sich fremde Soldaten in unserer Gegend aufhalten, ist sie auf ihrem Zimmer und lässt sich nicht mehr blicken. Als wir einmal nach ihr geschaut haben, mussten wir doch sehr staunen. Sie hat eine Schürze angezogen und ein Kopftuch umgebunden, aus dem die Haare in die Stirn hängen, und ihr Gesicht hat sie ganz leicht mit Ruß eingefärbt. Jedenfalls sieht sie jetzt aus wie ein kleines Ungeheuer. Mutter hat sie gefragt, was dieser Aufzug zu bedeuten habe? Darauf sagte Tanta Anna, sie mache auf »alte Frau«, denn sie habe Angst, ansonsten von »diesen Kerlen« vergewaltigt zu werden. Mutter und ich mussten aber trotzdem lachen, weil sie so seltsam aussah, worauf sie uns wütend aus ihrem Zimmer wies. Bevor wir flüchteten, habe ich ihr aber noch von den Bonbons angeboten, die ich geschenkt bekommen hatte. Die aber hat sie energisch abgelehnt mit den Worten: »Iss du die mal lieber selber, von diesen Kerlen will ich nichts geschenkt.« Was mir natürlich nicht das Geringste ausgemacht hat.

Sicherlich wird meine liebe Tante kommende Nacht kein Auge schließen. Und falls sie sich hinlegt, dann bestimmt nur hinter verschlossener Tür, obwohl sie jetzt doch »als alte Frau« dekoriert und bemalt ist.

Obwohl auch Mutter beim Anblick der »alten Frau« lachen musste, macht sie sich doch Sorgen um ihre Schwester. Sie fürchtet, dass die Angst vor den »schwarzen Kerlen« sie am Ende noch um den Verstand bringen könnte.

Es muss etwas passiert sein, denn wir sehen draußen riesige, dicke und schwarze Rauchwolken aufsteigen. Wir können nicht feststellen, ob der Rauch aus unserer Siedlung aufsteigt oder in deren Nähe. Dem dichten Qualm nach, meint Mutter, könnte es ein brennendes Haus sein. Doch aus welchem Grund sollte jetzt ein Haus brennen? Eigentlich verläuft doch alles recht friedlich. Hoffentlich sind keine Menschen zu Schaden gekommen! Nun, wir werden es noch erfahren.

Mutter und ich sitzen beim Vesper, die »alte Dame« isst aus Angst allein in ihrem Zimmer. Da klingelt es an der Tür. Ich zittere an Leib und Seele und Mutter sicher auch. Sie geht zur Haustür, ich ihr angstvoll hinterher, sie öffnet ganz vorsichtig, und vor uns steht lachend, eine große Tasche in der Hand, in voller Größe Onkel Eugen.

Jetzt spielt sich alles wie im Traum ab. Onkel Eugen wirft die Tasche auf den Flurboden, und schon hat er Mutter und mich in seinen Armen. Er drückt uns, küsst uns, er lacht, er weint, dazwischen sagt er immer wieder: »Wir haben es geschafft! Ich danke euch, wir haben es geschafft! Ich danke euch!« Er erdrückt uns fast, bis Mutter seine Hand fasst und ihn in die Wohnung zieht.

Auch Mutter weint, aber es sind Freudentränen, die ihr aus den noch immer von der Operation geröteten Augen quellen. Das Gefühl, in Zukunft ohne Todesangst leben zu dürfen, ist unbeschreiblich. Es ist ein Freudentaumel, der nicht zu überbieten ist. Und ich bin immer noch sein kleiner Schatz! So viel Glück, wie es unsere Familie in den vergangenen drei Jahren hatte, gibt es nur einmal.

Obwohl wir mit aller Zuversicht auf Onkel Eugen gewartet hatten, ist es für uns doch noch nicht fassbar, dass er jetzt als freier Mensch bei uns ist. Wenn mein Vater und mein Bruder dies miterleben oder sehen könnten – auch sie wären überglücklich. Onkel Eugen möchte nun natürlich auch Tante Anna begrüßen. Ein Phantasie-Versteck hat er schon parat für ihre Fragen.

Mutter erzählt dem Onkel, weshalb sie allein auf ihrem Zimmer ist, und dass sie sich aus Angst vor den fremden Soldaten verkleidet hat. So möchte Mutter ihr erst behutsam beibringen, dass der »Gesuchte« plötzlich bei uns aufgetaucht ist. Auch hat sie sicherlich von unserem Begrüßungsrummel etwas mitbekommen und rührt sich deshalb nicht. Sie wird vermutlich denken, dass von diesen »Kerlen« welche im Haus sind.

Also geht Mutter hinauf, und bittet Tante Anna, nachdem diese ihre Zimmertür aufgeschlossen hat, zu uns herunterzukommen. Auf der Treppe sagt Mutter ihr, dass Onkel Eugen da ist. Tante Anna fragt vollkommen geschockt: »Ja, wo kommt der denn her?« Doch mehr fragen kann sie nicht. Onkel Eugen hat sie schon in den Armen.

Dann schaut er sie von Kopf bis Fuß an und sagt lachend: »Wie siehst du denn aus?« Und nun ist's der »alten Frau« wahrhaftig auch zum Lachen zumute. Ach, denke ich, dieses

Tantchen. Sie weiß nicht, ob sie lachen oder weinen soll, sie tut mir direkt leid. Im Stillen aber hoffe ich, dass sie weinen muss. Es wäre gar zu lustig, wenn ein paar Tränchen über die rußverschmierten Wangen rollen und dort schöne Streifen hinterlassen würden.

Pech gehabt – mein Wunsch geht nicht in Erfüllung. Onkel Eugen sagt zur Tante, sie könne sich unter seinem Schutz jetzt auch als »junge Frau« wieder sicher fühlen. Dieser Satz war für sie die Erlösungsformel. Schon wenig später steht sie wie neugeboren und hübsch herausgeputzt bei uns in der Küche.

Jetzt setzen wir uns alle vier an den Tisch zum Abendbrot. Mutter tischt auf, was sie an Köstlichkeiten zu bieten hat. Und von den geschenkten Kaffeebohnen macht sie einen guten Kaffee. Darüber freut sich Onkel Eugen ganz besonders.

Ich sitze natürlich die ganze Zeit neben ihm – voller Stolz und riesiger Freude. Onkel Eugen spricht nicht viel. Immer wieder schüttelt er den Kopf. Zwar wusste er, wie alles kommen würde, nun aber muss er doch zuerst alles einmal verarbeiten. Erzählen können wir ja dann, wenn er seine Befreiung einigermaßen verdaut hat.

Natürlich will Tante Anna wissen, wo er so lange war und wie er hier hergekommen ist. Bei solchen Fragen müssen auch wir uns unwissend stellen.

Bei einer früheren Freundin, fabuliert Onkel Eugen, weit weg von uns, habe er sich verborgen gehalten. Mit Lebensmitteln sei er von ihren Eltern versorgt worden, und den Weg hierher habe er teils zu Fuß gemacht, teils sei er von Militärfahrzeugen mitgenommen worden. Mehr wolle er aber jetzt nicht über diese Sache erzählen. Er müsse sich zuerst an all das Neue gewöhnen.

Dass es diese frühere Freundin gibt, wussten auch wir und sogar, wo sie wohnt. Alles andere aber war natürlich erlogen.

Dabei hat Onkel Eugen alles so ernst und glaubwürdig erzählt. Arme Tante Anna, dass man dich so belügen muss. Aber es ist ja alles nur um des lieben Friedens willen.

Tante Anna erzählt nun Onkel Eugen, was hier bei uns alles los war. Wie man immer wieder nach ihm gesucht habe, und dass auch sie von einem Nazi ausgefragt worden sei. Na ja, das weiß er zwar schon alles, doch hört Onkel Eugen ganz erstaunt und unwissend zu. Wir sind schon gespannt darauf, ob Tante Anna mit der Zeit auch von Mutters vermeintlichem Liebhaber erzählt. Dann darf er natürlich nicht sagen, dass er dieser nächtliche Verehrer war.

Unsere Tiere will Onkel Eugen auch noch besuchen. Bei ihnen hatte er ja auch hin und wieder notdürftig Unterkunft gefunden.

Dann hat er noch einen einzigen Wunsch, den Mutter ihm von Herzen gern erfüllt: ein schönes warmes Vollbad. Während wir zwei zu den Tieren gehen, heizt Mutter in der Waschküche, in der die Zinkbadewanne steht, den Waschkessel an, damit Eugen genug heißes Wasser hat.

Und solange es ihm gefällt, soll sich Onkel Eugen im Wasser aalen.

Mit den Ziegen, mit den Hasen, mit den Hühnern, mit allen Tieren spricht Onkel Eugen und streichelt sie auch, und meine Tigermieze ist auf Schritt und Tritt dabei.

Es ist so herrlich, mit Onkel Eugen alles zu begucken, man sieht so schön, wie er sich über alles freut. Wir schlendern dann noch durch den Garten. Jedes Pflänzchen, jedes Blümchen, jedes Bäumchen, alles wird von Onkel Eugen begutachtet – er ist einfach im Glück.

Tante Anna hat sich inzwischen auf ihr Zimmer zurückgezogen. Ganz zufrieden und ohne Angst sei sie hinaufgegangen, berichtet Mutter. Zuvor habe sie noch zu ihr gesagt, wie froh sie sei, dass jetzt ein Mann im Haus ist, der sie beschützt. Die arme Tante Anna – sie muss Todesängste ausgestanden haben.

Nun müssen wir noch Onkel Eugens Schlafstelle herrichten. Mutter wollte ihm im Zimmer meines Bruders das Bett richten, er möchte sicherheitshalber jedoch lieber im Wohnzimmer auf dem Sofa schlafen. Außer den fremden Geräuschen der Fahrzeuge und den Soldaten, die sich draußen in ihrem Französisch unterhalten, ist zwar alles normal, aber er sagt: »Man weiß ja nie, was noch kommen kann!« Also wird Onkel Eugen im Wohnzimmer übernachten, und ich darf ganz alleine sein Bett zurechtmachen.

Während er jetzt erst mal in der Badewanne liegt, beginnt für mich die Schwerstarbeit. Das Bettzeug liegt ja noch auf dem hochbeladenen Leiterwagen im Keller. Also muss ich zuerst das über den Wagen gespannte Laken losmachen, muss das gut verstaute Federbett samt den Kissen unter all den anderen Sachen hervorziehen, muss Federbett und Kissen frisch beziehen, muss das Sofa mit dem Laken belegen, muss Federbett, Kissen und ein Nachthemd von Vater auf das Sofa legen – erst dann ist alles fertig. Und ich bin's am Ende ebenso. Doch war die Arbeit für mich nicht nur anstrengend, sondern auch schön.

Von Mutter und Onkel Eugen bekomme ich ein großes Lob. Er freut sich auf die Nacht in solch einem »Luxusbett«, und auf der Stelle lässt er sich auch hineinfallen. Müde ist er sowieso, denn er hat die letzten paar Nächte vor Aufregung und Erwartung kaum geschlafen.

Das waren die Ereignisse des 20. April 1945, Hitlers Geburtstag. Es war ein Tag, den ich nie vergessen werde.

Nicht eine einzige Hakenkreuzfahne flatterte diesmal vor den Häusern, kein braun uniformierter Parteigenosse war zu sehen, kein brüllender Spitzel zu hören. Alle Hitleranhänger sind wie vom Erdboden verschwunden. Wo die wohl alle jetzt sind? Sie müssen sich in ihrer Todesangst irgendwo versteckt haben. Denn jetzt, nachdem sich das Blatt gewendet hat, sind die brutalen Jäger die Gejagten.

Die Stärkste in diesen drei Jahren war meine liebe Mama. Was sie nervlich mitgemacht und ausgestanden hat, ist unbeschreiblich und für alle Außenstehenden unbegreiflich.

Ihr gebührt der allergrößte Dank.

Zukunftspläne

Nun beginnt für uns ein neues Leben in Freiheit. Wir sind alle glücklich, doch vollkommen wird das Glück erst dann sein, wenn Vater und Bruder wieder bei uns sind.

Mutter bleibt noch auf, obwohl sie sicher mindestens so müde ist wie ich auch. Vielleicht will sie sich ja noch ein wenig aussprechen. Sie ist vollkommen aufgewühlt. Alles, was heute geschehen ist, ist noch unfassbar für sie. Und auch, dass alles so gut ausgegangen ist. Was wäre nur geschehen, wenn wir den Krieg gewonnen hätten? Es ist nicht auszudenken.

Alles geht ihr noch einmal durch den Kopf. Die jahrelangen Ängste und Aufregungen, und jetzt liegt Onkel Eugen bei uns im Wohnzimmer und schläft selig. Auch Mutter muss das alles erst verarbeiten.

Es war eine ruhige Nacht, wie ein Murmeltier habe ich geschlafen, aber doch nicht allzu lange. Ich hatte einfach keine Ruhe und musste früh am Morgen schon schauen, ob Onkel Eugen schon aufgestanden ist. Zu meiner Freude schläft er noch, so kann ich ganz heimlich, solange Mutter bei den Tieren ist, den Frühstückstisch decken. Ich strenge mich mächtig an, hole im Garten ein paar Frühlingsblümchen, eine halb abgebrannte Kerze finde ich auch, so sieht mein Kaffeetisch eigentlich recht schön und einladend aus. Mutter kommt herein, ist freudig erstaunt und sagt: »Das hast du aber schön gemacht! Was es nicht alles ausmacht, dass Onkel Eugen im Haus ist.«

Heimlich schaue ich ins Wohnzimmer. Er schläft noch tief, und wecken darf ich ihn nicht. Ich soll vielmehr ganz leise durch die Wohnung gehen, was ich doch übertrieben rücksichtsvoll finde.

Man muss nur warten können. Bald steht Onkel Eugen wieder frisch und fröhlich bei uns und sagt, dass er schon ewig nicht mehr so gut geschlafen hat. Dass ich unseren Tisch ganz alleine gedeckt habe, muss ich ihm natürlich sofort sagen und bekomme wieder ein großes Lob dafür.

Nach dem Frühstück gehen Onkel Eugen und ich an die frische Luft und schauen, was sich auf der Straße so abspielt. Viele französische Soldaten sind unterwegs, auch Fahrzeuge mit Soldaten drauf und Nachbarn, die miteinander diskutieren. Abgesehen von den Fremden ist alles, wie's einmal war. Na ja, so ganz doch nicht.

Auf der Straße sehen wir eine Gruppe fröhlich plaudernder Männer auf unser Haus zukommen. Onkel Eugen fragt: »Wo kommen die denn her?« Einer aus der Gruppe winkt uns, läuft auf uns zu und ich kann nur sagen: »Das ist ja unser Domanski!«

Schon hat er mich im Arm und wirbelt mich im Kreis herum. Es ist der reinste Freudentanz, was mir vor all den Männern, die lachend zuschauen, doch ein wenig peinlich ist. Domanski gibt Onkel Eugen die Hand und fragt: »Papa?« Onkel Eugen sagt: »Bruder von Papa.« Auch er wird umarmt.

Ich bin völlig sprachlos. Keiner von uns wusste ja, ob wir Domanski überhaupt noch einmal sehen werden.

Er zeigt auf das Haus und fragt: »Mama hier?« Ich nicke nur. Er nimmt mich an der Hand, und in Windeseile geht's zu Mama und Tante Anna in die Küche. Die beiden schauen uns total verblüfft an, und Mutter ruft spontan: »Das darf doch nicht wahr sein, unser Domanski!« Wieder eine herzliche Begrüßung mit vielen Umarmungen. Domanski lacht nur, ihm strahlt das Glück aus den Augen. Er und auch alle anderen Zwangsarbeiter haben ihre Freiheit wieder.

Auf die Frage von Mutter, warum er nicht mehr zu uns habe kommen dürfen, sagt er, er habe an anderen Orten schwer arbeiten müssen. Warum er nicht mehr zu uns kommen durfte, kann er auch nicht sagen. Er kann überhaupt nicht mehr weitererzählen, denn seine Kameraden warten draußen.

Alle wollen zusammen ins nächstliegende Dorf auf Raubzug gehen, um sich mit Lebensmitteln einzudecken. Domanski will mich mitnehmen, was Mutter natürlich nicht erlaubt. Auch so wäre ich mit so vielen Männern natürlich nicht mitgegangen.

Da ich nicht mitgehen darf, will uns Domanski von den geklauten Lebensmitteln bringen. Das lehnt Mutter jedoch dankend ab mit der Begründung, dass wir reichlich zu essen hätten (was aber leider gar nicht stimmt). Er solle nur alles ins Lager schaffen.

Mutter will auf keinen Fall solche Geschenke, und sie findet das Vorhaben der befreiten Zwangsarbeiter auch nicht richtig. Onkel Eugen aber sagt: »Kannst du das diesen ausgehungerten Menschen übel nehmen?« Recht hat er.

Gern würde er sich mit dem Polen unterhalten, aber die Gruppe ist in Eile. Also verabschiedet Domanski sich wieder, für alles Gute nochmals dankend. Er verspricht, dass er wiederkommen werde, wenn das irgend möglich ist. Er möchte möglichst bald wieder heim zu Papa, Mama und der kleinen Schwester. Das wünschen wir ihm alle von ganzem Herzen.

Nachdem er uns alle nochmal herzlich gedrückt hat, geht er mit seinen Kameraden davon. Wir schauen ihm aus dem Fenster nach. Fröhlich winkend ziehen die Männer weiter in Richtung der Bauernhöfe. Wer weiß, wie es dort zugehen wird?

Unser guter treuer Domanski, er hat uns doch nicht vergessen.

Die »Raubritter« sind schon eine ganze Weile weg, da fallen mir die Zigaretten ein, die wir doch extra für ihn aufgehoben haben. Schade, er hätte sich bestimmt gefreut. Aber Mutter sagt, dass er ganz sicher noch einmal kommt, dann werde er sich auch noch genauso darüber freuen. Und wenn sich diese Männer jetzt mit Lebensmittel eindecken, finden sie sicher auch Zigaretten.

Onkel Eugen hilft mir, die Sachen vom Leiterwagen in die Wohnung zu tragen. Er staunt und lächelt darüber, was mir alles als lebenswichtig erschien. Aber kritisieren tut er mich nicht.

Es ist spät am Nachmittag, wir hören, dass jemand nicht gerade geräuschlos ins Haus kommt. Onkel Eugen schaut nach, und es steht ein rabenschwarzer Soldat, ziemlich schwankend, vor ihm. Onkel Eugen geht auf ihn zu, er hört nur das Wort »Schnaps«. Er macht ihm deutlich, dass es bei uns keinen Schnaps gibt, und sagt zu ihm: »Kaffee?« Er: »Nix Kaffee – Schnaps!« Onkel Eugen hakt sich ganz freundschaftlich bei ihm unter, und der torkelnde Gast lässt sich willig hinausführen. Auf der Straße warten in einem Fahrzeug laut lachend zwei Kameraden auf ihn. Nachdem er mit großer Mühe und mit Onkel Eugens Hilfe aufgestiegen ist, fahren die drei los – ganz ohne Schnaps!

Das war natürlich ein gewaltiger Schreck für uns drei »Damen«. Was hätten wir in dieser Situation nur gemacht ohne Onkel Eugen? Mutter und ich sind natürlich auch erschrocken, doch Tante Annas Nerven werden ein paar Tage zur Erholung brauchen.

Eine Warnung immerhin war dieser überraschende Besuch für uns. So werden wir künftig trotz Onkel Eugens Anwesenheit die Haustüre auch tagsüber geschlossen halten.

Ganz schlimm sieht es bei uns mit der Lebensmittelversorgung aus. Mutter, Onkel Eugen und ich wollen beim Bäcker einkaufen – nichts, alle Regale leer. Ein anderer Laden ist total ausgeplündert – von wem, wissen wir nicht. Gut, dass wir noch einiges auf Vorrat haben, denn sonst sähe es schlecht aus.

Schade, dass wir unterwegs unserem Spitzel nicht begegnen, Mutter würde ihm so gern unseren Fahnenflüchtigen vorstellen. Aber vielleicht klappt das ja später noch. Es wäre für Mutter und für Onkel Eugen die größte Genugtuung. – Abwarten!

Alle Bürger werden aufgefordert, ihre Radios und Fotoapparate bei einer Sammelstelle abzuliefern. Bei Nichtbefolgen drohen hohe Strafen. Uns von unserem Radio zu trennen, fällt uns sehr schwer. Aber auch wir haben keine andere Wahl.

Auf seinen geheimen Nachrichtensender ist der eifrige Schwarzhörer ja nun nicht mehr angewiesen. Und auf Musik und interessante Meldungen müssen wir halt verzichten. Schade! So verpackt Onkel Eugen jetzt unser geliebtes Radiogerät und bringt es, einschließlich unseres Fotoapparats, zur Sammelstelle. Wohin das alles kommt, wissen wir nicht.

Onkel Eugen macht jetzt Pläne. Er will demnächst zur Höhle, um dort noch verschiedene Sachen zu holen. Aber nur solche Dinge, die für ihn noch von Bedeutung sind. Unwichtiges will er dort lassen. Das Wichtigste, seine Geigenbau-Zeichnungen, hat er schon in seiner Mappe mitgebracht. Natürlich darf ich ihn begleiten. Aber nur bis zum Quellbrunnen, der Weg hinunter zur Höhle ist für mich zu gefährlich.

Zum Bauernhof will er natürlich auch. Sobald schönes Wetter ist, will er mit mir dorthin wandern. Auch diese Verwandten werden staunen und sich freuen.

Die Tour, auf die er sich am meisten freut und die für ihn die wichtigste ist, ist die zu seiner Freundin. Sie lebt 20 Kilometer von uns entfernt, hat aber keine Ahnung, wo ihr Freund sich die letzten drei Jahre aufgehalten hat und wo er jetzt lebt. Wenn alles klappt, wie Onkel Eugen sich's vorstellt – und woran er ganz sicher glaubt –, will er zu ihr ziehen. Halten wir ihm die Daumen. Es heißt ja: »Alte Liebe rostet nicht!«

Einquartierung

Onkel Eugen erzählt. Zwei Tage vor dem Einmarsch der Franzosen saß er vor seiner Höhle und putzte seine Schuhe. Da hörte er ein seltsames Geräusch im Gestrüpp, das immer näher kam. Er schaute sich um, und vor ihm stand ein total verängstigter und erschöpfter, ganz junger deutscher Soldat, der beim Anblick von Onkel Eugen beinahe erstarrte.

Onkel Eugen fragt, wo er herkomme und will sich mit ihm unterhalten. Aber der Soldat sagte nur, dass er abgehauen sei und weiter wolle. Onkel Eugen redet auf ihn ein, bei ihm zu bleiben. Fast bettelt er darum, dass der junge Soldat seinen Rat befolgt. Er erzählt ihm, dass auch er abgehauen sei, und dass die Höhle der sicherste Platz sei, um das Ende von allem abzuwarten. Auch bietet er ihm Tee an, was gleichfalls abgelehnt wird. Es ist alles vergeblich. Der Soldat krabbelt am steilen Abhang und im Gestrüpp weiter. Er hatte Angst und traute Onkel Eugen nicht.

Onkel Eugen weiß nicht, wer er war, woher er kam und wohin er ging. Er weiß nur, dass er ein hilfloser, verängstigter junger Mensch war. Er tut ihm jetzt noch leid. Wo wird er gelandet sein? Hoffentlich nicht in den Händen der Nazis.

Es war in den vergangenen drei Jahren der erste und einzige Mensch, der den Weg zu Onkel Eugens »Villa« gefunden hat.

Unsere liebe Frau Baiger besucht uns, auch sie will Onkel Eugen begrüßen. Sie weiß ja Bescheid darüber, dass man ihn gesucht hat. Sie gratuliert ihm, dass er alles gut überstanden hat, fragt aber nicht, wo er sich aufgehalten habe. Worüber er sichtlich froh ist. Nach einer kurzen, netten Unterhaltung mit Onkel Eugen sagt Frau Baiger zu Mutter: »Frau Löhrer, bis jetzt habe ich geschwiegen, weil ich Sie nicht in Verlegenheit bringen wollte. Aber es lässt mir keine Ruhe, deshalb sollen Sie's wissen. Ich weiß schon lange, dass sich Ihr Schwager hier in der Gegend irgendwo versteckt hielt und öfters zu Ihnen ins Haus kam. Doch habe ich keinem Menschen davon erzählt.«

Mutter und Onkel Eugen stehen da wie vom Blitz getroffen. Mutter kann und will das nicht wahrhaben. Frau Baiger hat alles gewusst und nie etwas zu ihr gesagt? Das muss sie erst verdauen.

Mutter fragt, von wem oder woher sie das gewusst habe. Frau Baiger sagt: »Dass Ihr Schwager gesucht wurde, wusste ich von Ihnen, und dass er spätabends durch den Garten gekommen ist, habe ich mit eigenen Augen gesehen. Aber erst zu der Zeit, als Ihre Schwester schon hier wohnte.«

Also hat sie Onkel Eugen auf dessen zweitem Schleichweg beobachtet. Mutter ist sprachlos. Sie fällt Frau Baiger um den Hals und bedankt sich unter Tränen für ihr Schweigen.

Auch Onkel Eugen ist fassungslos und kann im Moment nichts anderes tun, als sich gleichfalls bei Frau Baiger zu bedanken und nochmals zu bedanken.

Sie hätte alles zunichtemachen können – unfassbar, unser aller Glück!

Nachdem Frau Baiger schon so viel weiß und uns nicht verraten hat, soll sie jetzt auch erfahren, wo Onkel Eugen gelebt hat. Er erzählt ihr, wo er gehaust hat, wie er gehaust hat, und auch von seinen Nachtmärschen zur Lebensmittelbeschaffung und vieles mehr. Frau Baiger hört staunend zu und findet alles unbegreiflich. Den Quellbrunnen, Onkel Eugens Wasserstelle, kennt sie gut und kann es nicht fassen, dass Onkel Eugen unterhalb davon drei lange Jahre verbracht hat.

Als Tante Anna erscheint, muss die interessante Unterhaltung abgebrochen werden. Mutter gibt Frau Baiger noch einen Wink, damit sie vor Tante Anna nichts erwähnt.

Dann gibt's einen netten, herzlichen Abschied, und beim Hinausgehen bittet Mutter Frau Baiger, Tante Anna nichts von Onkel Eugens Aufenthaltsort zu sagen.

Auch diese Neuigkeit müssen Mutter und Onkel Eugen zuerst einmal verarbeiten. Wie viel Glück wir mit unseren Mitwissern hatten – es ist unglaublich!

Vaters Freund Erich kommt wieder und freut sich riesig, dass er Onkel Eugen bei uns antrifft. Vier Tage war er in seinem Versteck und hat dort ebenfalls alles gut überstanden. Die beiden Männer sitzen lange beisammen und unterhalten sich angeregt. Jetzt erfahren wir auch, was es mit den Rauchwolken, die wir sahen, auf sich hatte.

Am Eingang zu unserer Siedlung stand ein einzelnes Haus, an dessen Giebelseite ein Reisighaufen aufgestapelt war. Hinter diesem versteckte sich unser mutiger, so siegessicherer Spitzel und schoss als Einzelkämpfer auf die herannahenden französischen Panzer. Ein Panzer gab eine Salve ab, und das war des Spitzels letzter Akt. Nie wieder wird er brüllen.

Durch den Schuss aus dem Panzer entzündete sich der Reisighaufen, wodurch auch das Haus in Brand geriet und bis auf die Grundmauern abbrannte. Also kann Mutter den Spitzel nicht mehr unserem Fahnenflüchtigen vorstellen. Schade, denn sie hätte es zu gerne getan. Jetzt aber ist es zu spät.

Es ist spät abends, Onkel Eugen schläft schon, und Tante Anna ist auch schon auf ihrem Zimmer. Mutter und ich sind noch in der Küche. Da poltert es an der Haustür, und wir erschrecken fürchterlich. Was passiert jetzt?

Onkel Eugen ist vom Lärm aufgewacht und steht schon da. Er öffnet die Tür. Vor ihm stehen zwei französische Soldaten mit umgehängtem Gewehr. Onkel Eugen spricht mit den beiden, doch verstehen Mutter und ich kein Wort davon. Wir sitzen ganz verdattert in der Küche. Die beiden kommen herein, inspizieren zuerst das Wohnzimmer, dann die Küche, nicken uns freundlich zu und gehen wieder. Ganz sicher haben sie uns unsere Angst angesehen.

Für Tante Annas Nerven wäre dieser Besuch natürlich eine ganz schlimme Sache gewesen. Glücklicherweise ist wieder nichts passiert. Die Angst aber sitzt uns noch in den Gliedern. Wieder war mein lieber Onkel Eugen unser Engel. Er sagt, die beiden wollten wieder Schnaps.

Unseren unverwüstlichen Leiterwagen hinter sich herziehend, wandert Onkel Eugen mit mir Richtung Höhle. Er will dort jetzt »klar Schiff machen«.

Es ist ein herrlicher, sonniger Tag. Überall blüht und sprießt es, und sichtlich bewundert und genießt Onkel Eugen all das Schöne. Reges Treiben ist auf den Straßen. An allen Ecken stehen Soldaten, Militärfahrzeuge mit Soldaten und deutschen Mädchen fahren vorbei, alle sind guter Laune. Ganz lustig finde ich einen leicht torkelnden, vor sich hinsingenden Marokkaner. Er geht von Haus zu Haus und sammelt Büstenhalter, hat schon etliche über dem Arm hängen. Ich frage Onkel Eugen, ob die denn alle betrunken seien. Er sagt: »Nicht alle, aber viele!«

Wir begegnen auch vielen Frauen und Kindern, die mich kennen. Einige rufen mich beim Namen und winken mir zu, andere fragen, wie es Mutter gehe, aber niemand fragt, wer der Mann neben mir ist. Da bin ich doch ein bisschen enttäuscht. Am liebsten würde ich allen sagen, dass das mein Onkel Eugen ist. Ich gestehe ihm meine Enttäuschung, worauf er mich fragt, was ich denn auf die Frage, woher er komme, antworten würde? »Aus Stuttgart!«, sage ich prompt. Da drückt er mich und lacht herzhaft.

Am Quellbrunnen angekommen, setzen wir uns erst einmal und genießen die herrliche Landschaft.

Onkel Eugen wird ganz ruhig. Er spricht kein Wort mehr, und ich getraue mich nicht, etwas zu sagen. Er hat seinen Arm um meine Schulter gelegt und schaut immer Richtung Höhle. Er wirkt vollkommen abwesend. Seine Gedanken sind wohl in der Vergangenheit, denke ich. Vielleicht lässt er den Film von seiner erbärmlichen Höhlenzeit vor sich ablaufen.

So gern möchte ich wissen, was er denkt. Wir sitzen lange Zeit ohne ein Wort, und mir wird es allmählich langweilig. Darum frage Onkel Eugen, ob wir nicht endlich aufstehen könnten? Wie aus einem Traum erwacht, sagt er: »Klar, mein Schatz!«

Wir müssen ja auch rechtzeitig zurück sein, bevor Tante Anna von ihrem Mittagsschläfchen aufgestanden ist. Sie darf uns doch nicht kommen sehen mit unserer Last.

Also nimmt Onkel Eugen die mitgebrachten Säcke und klettert den Hang hinunter, bis ich nichts mehr von ihm sehen kann.

Es wird nicht allzu lange dauern, hat er noch gemeint, denn er habe schon alles abholbereit zurechtgepackt. Als er die vollen Säcke und auch seinen vollgestopften Rucksack im Schweiße seines Angesichts heraufgeschleppt hat, beladen wir unseren Wagen und spannen die Decken darüber. Jetzt können wir losziehen. Noch einmal will sich Onkel Eugen für eine Weile hinsetzen. Nimmt er jetzt endgültig Abschied, oder will er doch noch einmal herkommen?

Eine ganze Zeit schaut er auf sein Quellbrünnchen, das ihm drei Jahre lang – ausgenommen zwei Tage – das für ihn so lebenswichtige Wasser gespendet hat.

Es hat ihn so lange nicht im Stich gelassen und es fließt und fließt und wird auch ohne die Besuche des Höhlenbewohners ruhig weiterfließen. Sicherlich noch viele, viele Jahre.

Wir brechen nun auf, und frohgemut ziehen wir mit unserem Wägelchen durch die Straßen. Wie oft legte Onkel Eugen in den letzten Jahren diese Strecke zurück? Aber es war ja nicht diese Strecke, die wir jetzt gehen. Immer nur auf Schleichwegen und in der Nacht ist er gekommen und gegangen. Es ist unvorstellbar!

Jetzt hoffen wir, dass Tante Anna noch ihr Zimmer hütet und wir unsere Fracht unentdeckt von ihr in den Keller bringen können. Sollte sie uns aber sehen mit unserem Gepäck, dann muss eben wieder eine Notlüge herhalten. – Bloß was für eine?

Mama wird, denken wir, schon aufpassen, dass Tante Anna uns nicht in die Quere kommt, sollte sie schon ausgeschlafen haben.

Die Leute, denen wir begegnen und von denen ich viele kenne, schauen schon etwas interessiert auf unser Gespann, und wir finden das richtig lustig. Wenn die wüssten, woher es kommt und was drin ist … Das aber bleibt unser großes Geheimnis!

Unser Wägelchen ist inzwischen im Keller, Tante Anna hat nichts mitbekommen. Ich freue mich und bin gespannt, was unter dem Verdeck alles hervorkommt.

Meine liebe Mama hat auch schon auf uns gewartet und ist froh, dass sie uns beide wohlbehalten wieder daheim hat.

Wir erfahren, dass viele von den polnischen Lagerinsassen nicht mehr da sind. Doch seien viele auch hiergeblieben. Sie gingen jetzt von Haus zu Haus, um Zimmer zu beschlagnahmen.

Wir haben zwei Mansardenzimmer. Eines wird von Tante Anna bewohnt, das andere, das Zimmer meines Bruders, von Onkel Eugen.

Das heißt, er schläft ja uns zuliebe und sicherheitshalber im Wohnzimmer auf dem Sofa. Nun aber trägt er sein Bettzeug schleunigst auf »sein« Zimmer, damit es bewohnt aussieht, falls diese Wohnungssuchenden auch bei uns auftauchen.

Tante Anna hat wieder einmal die raffinierteste Idee von uns allen.

Sie nimmt ein Pappschild zur Hand uns schreibt groß und deutlich »Typhus!« drauf. Dann hängt sie es an die Zimmertür in der Hoffnung, dass es die Polen, falls sie kommen, abschreckt.

Es geht nicht lange, da sind auch schon zwei polnische Männer da, und sie treten barsch und sehr selbstbewusst auf. Sie machen Onkel Eugen klar, dass sie eine Wohnung oder ein Zimmer möchten. Ohne zu fragen, gehen sie die Treppe hoch, sehen das »Typhus«-Schild und lachen lauthals. Und schon sind sie bei Tante Anna im Zimmer. Ganz in sich zusammengekauert sitzt sie da und spielt »todkrank«. Wäre die Lage nicht zu ernst, wir müssten hell auflachen.

Die Männer verlassen ihr Zimmer und gehen zielbewusst in das meines Bruders. Obwohl Onkel Eugen sagt, dass er hier wohne, sagt einer der beiden ganz bestimmend, dass sie jetzt hier wohnen, und »wenn nicht geben eine Zimmer, wir beschlagnahmen ganze Haus!«

In zwei oder drei Stunden, sagen sie, würden sie kommen. Also muss Onkel Eugen jetzt weiterhin im Wohnzimmer schlafen. Was er uns zuliebe und wegen der eventuellen nächtlichen Besuche der »Schnapssucher« sowieso gern macht.

Mutter sagt, wir müssten zufrieden sein. »Wenn sich diese Polen einigermaßen friedlich verhalten, werden wir schon miteinander auskommen.« Was ja zumindest bei ihr kein Problem ist.

Gottseidank fällt Mutter jetzt ein, dass da noch dieser Rest der Hakenkreuz-Fahne im Haus ist. Sie weiß inzwischen, wo ich sie versteckt habe. Also räumt sie schnell, und bevor unsere neuen Gäste kommen, das Holz samt der Fahne aus dem Kanonenofen. Und trotz aller Aufregung muss sie über das Versteck wieder lachen.

Das Tuch, in das ich die Fahne gewickelt hatte, ist völlig schwarz von Ruß. Was wäre wohl passiert, wenn die neuen Bewohner auf die Idee gekommen wären, den Ofen anzuheizen? Die hätten vielleicht gestaunt! So gibt es für mich also doch noch ein Fahnentuchkleid.

Unsere neuen Mitbewohner kommen, doch es sind nicht die beiden Männer, die bei uns waren. Es ist nur einer der beiden, der nettere, und eine Frau. Der andere Mann ist, gleichfalls mit einer Frau, in eines der Nachbarhäuser gezogen. Onkel Eugen schmunzelt.

Die beiden sind sehr freundlich und sehr zufrieden mit ihrer Unterkunft. Wie lange sie bleiben werden, wissen wir natürlich nicht. Jedenfalls wird Tante Anna jetzt reichlich Unterhaltung haben, denn das Zimmer ihrer neuen Nachbarn ist nur durch eine nicht allzu starke Wand von dem ihren getrennt.

Abschied von Onkel Eugen

Ein paar Tage später bekommen wir seltsame Post. Es ist eine seidendünne, ziemlich zerknitterte Karte vom »Roten Kreuz«. Doch was wir auf dieser Karte lesen, lässt uns jubeln. Es ist die Nachricht, dass Vater in Ägypten in englischer Gefangenschaft ist. Auch hat er selbst noch Grüße draufgeschrieben und auch, dass es ihm gut geht. Alles andere, was er sonst noch auf die Karte geschrieben hat, ist durchgestrichen.

Mutter und Onkel Eugen vermuten, dass die Karte lange Zeit irgendwo herumgelegen ist. Jedenfalls lassen das Aussehen des Schreibens und die Tatsache, dass das Datum unleserlich ist, diesen Schluss zu. Kann es vielleicht sein, dass jemand die Karte bewusst zurückgehalten hat? Das ist zwar nur eine Vermutung, doch hat uns all das Vergangene gründlich misstrauisch gemacht.

Doch das ist jetzt egal. Wir wissen, dass Vater noch lebt und auch, wo er lebt. Es ist für uns alle eine großartige Überraschung und eine unsagbare Freude. Da ist es kein Wunder, dass aufs Neue die Freudentränen fließen. Jetzt hoffen wir noch auf eine baldige Nachricht von meinem Bruder.

Unser Polenpaar ist nun schon ein paar Tage bei uns. Die beiden fühlen sich recht wohl und sind auch sehr freundlich, richtig angenehm eigentlich. Sie haben ein sehr schönes Radio für ihr Zimmer mitgebracht, eines von den »abgelieferten«. Wir wissen sogar, wem es gehörte, denn die Adresse des Besitzers steht auf dem Karton.

Dann beobachte ich etwas, das mich sehr entrüstet: Ein Pole geht mit einem großen Paket an unserem Haus vorbei, und an der Verpackung und Verschnürung erkenne ich, dass da unser Radio drin ist. Außerdem steht auf dem großen, auf das Paket geklebten gelben Zettel unsere Adresse.

Mutter tröstet mich, indem sie zu mir sagt, dass wir nur das Radio und den Fotoapparat verloren haben, die Menschen aber in den Großstädten all ihr Hab und Gut. Und sie hat ja Recht. Aber leid tut's mir trotzdem. Immerhin haben wir jetzt auch ohne eigenes Radio Musik im Haus. Tante Anna hört diese Musik ganz besonders gut von nebenan.

Onkel Eugen fährt mit dem Fahrrad meines Bruders, das er zuvor tüchtig »aufgemöbelt« hat, zu den Verwandten auf den Bauernhof. Eigentlich wollten wir zwei ja zusammen dorthin wandern, aber so ist es mir auch recht. Es ist schließlich eine Riesenstrecke hin und zurück.

Ziemlich müde vom ungewohnten Radfahren kehrt Onkel Eugen zurück. Auf dem Gepäckträger hat er eine Tasche voller Esswaren. Er erzählt, dass sich alle über seinen längst erwarteten Besuch sehr gefreut haben. Es sei sehr gemütlich gewesen, denn man hatte einander viel zu erzählen. Bello, den Hund, der ihm damals auf seiner Höhlentour hinterherlief, hat er auch besucht und mit ihm geschmust. Onkel Eugen musste versprechen, wiederzukommen, was er allerdings sowieso machen wird, denn er will dort noch vieles gutmachen.

Eines wissen wir jedenfalls gewiss: Er wird auch kommende Nacht gut schlafen.

Tante Anna hat ihr »Typhus«-Schild inzwischen wieder abgehängt, denn sie ist jetzt wieder »kerngesund«. Sie kommt mit unserem Paar gut zurecht, nur mit der Ruhe, die sie vorher hatte, ist's vorbei. Die Wände sind zu hellhörig, doch muss sie damit jetzt eben leben. Ohnehin möchte sie, sobald es möglich ist, zurück nach Stuttgart. Zwar geht es ihr hier gut, und es gefällt ihr auch nach wie vor bei uns, doch fehlt ihr das Stadtleben, das sie gewohnt war, bevor sie zu uns gekommen ist.

Wie es um ihre Wohnung in Stuttgart steht, weiß sie noch nicht. Nicht einmal, ob die überhaupt noch existiert.

Wie immer hat Mutter heute, am 27. Mai, mit dem Wenigen, das wir haben, einen schönen Geburtstagstisch für mich gezaubert. Neben den Blumen, einem Marmorkuchen und einem liebevoll verpackten Geschenk strahlen elf Kerzen. So alt bin ich jetzt schon.

Nachmittags sitzen Mutter, Onkel Eugen, Tante Anna, Frau Baiger, unser Polenpaar, eine Schulfreundin und ich in gemütlicher Kaffeerunde am Festtagstisch. Es sind ein paar schöne, unterhaltsame Stunden, die aber noch viel schöner wären, könnten Vater und Bruder auch dabei sein. Von meinem Bruder haben wir noch immer nichts erfahren, was Mutter sehr bedrückt.

Wie immer tröstet Onkel Eugen sie und macht ihr Hoffnung, dass die beiden Männer gesund wieder heimkehren. Das hoffen und wünschen wir alle natürlich auch. So geht ein schöner Tag zu Ende, und für mich beginnt ein neues Jahr.

Es ist Ende Juli, und Onkel Eugen wird nun nicht mehr allzu lange bei uns sein, was besonders mir sehr leidtut. Inzwischen hat er seine frühere Freundin Martha besucht, die darüber sehr überrascht war, sich aber riesig freute. Sie wusste weder von seiner Fahnenflucht noch von seinem Aufenthaltsort. Er war nun schon des Öfteren bei ihr und wird bald bei ihr einziehen. Wie es sich anhört, ist es eine ernste Sache. Vielleicht wird diese Martha ja bald meine neue Tante!

Onkel Eugen war bis jetzt immer sehr beschäftigt – bei uns zu Hause oder unterwegs. Für seine beiden Schwestern, die von seinem Höhlenleben nichts wussten, war sein Besuch eine große Überraschung und Freude. Auch ihnen erzählte er seine Geschichte, und auch sie waren natürlich geschockt. Dass man sie nicht in unser Geheimnis eingeweiht hat, wollten sie einfach nicht wahrhaben. Dass eine ihrer Schwestern, nämlich die Tante Anneliese, doch von allem wusste, empfanden sie als einen Vertrauensbruch. So musste Onkel Eugen mit Engelszungen auf sie einreden und sich auch ein paar Ausreden einfallen lassen. Und abermals hat er es geschafft, den Familienfrieden wiederherzustellen. Nun ist auch für die beiden die Hauptsache, dass alles so gut ausgegangen ist.

Onkel Eugen hilft der Mutter im Garten und auch bei den Tieren. Er ist einfach überall, wo er Arbeit sieht, und das ist für Mutter eine sehr große Hilfe. Er wird uns bald sehr fehlen, allein schon seine Anwesenheit tut ja gut.

Nach wie vor fühlt er sich bei uns sehr wohl, auch wenn er noch im Wohnzimmer auf dem Sofa schlafen muss. Das Zimmer meines Bruders ist ja noch immer von dem Polenpaar besetzt. Doch ist das Sofa im Vergleich zu seiner Höhlenliege der reinste »Luxuskahn«.

Zu gerne höre ich ihm zu, wenn er sich die Zeit nimmt, um mir Geschichten zu erzählen. Stundenlang könnte ich ihm da zuhören.

So muss er mir immer wieder hoch und heilig versprechen, uns später, wenn er nicht mehr bei uns wohnt, recht oft zu besuchen. Onkel Eugen verspricht es gern, doch muss ich ihm auch versprechen, mit Mama, Papa und meinem Bruder auch oft zu ihm zu Besuch zu kommen. Natürlich verspreche ich ihm das gleichfalls mit Freuden. Da lacht Onkel Eugen und drückt mich wieder einmal ganz fest.

Ganz traurig ist Tante Anna, als sie erfährt, dass unser Beschützer uns bald verlassen wird. Sie hat sich mit ihm als Schutzpatron im Haus so sicher gefühlt, obwohl jegliche Angst ja eigentlich unbegründet war. So wird auch sie sich, genau wie wir, an seine Abwesenheit gewöhnen müssen.

Nun ist es schon Anfang August, und unser Polenpärchen hat uns verlassen. Es ist wieder zurück in die Heimat. Die beiden waren ganz liebe Menschen, und besonders lieb waren sie zu mir. Auch sie haben sich bei uns sehr wohlgefühlt. So bedanken sie sich beim Abschied überschwänglich bei Mutter für alles Gute.

Leider haben sie in ihrem Zimmer auch etliche ganz niedliche Andenken hinterlassen. Ein paar Wanzen nämlich, doch sind wir auch damit fertig geworden. Ein Glück, dass diese kleinen Mitbewohner nicht auf die Idee kamen, Tante Anna im Zimmer nebenan zu besuchen.

Unseren Domanski haben wir nicht mehr gesehen. Vermutlich war er bei den Ersten, die nach Hause konnten. Es muss für ihn überraschend gekommen sein, denn sonst hätte er uns noch einmal besucht. Da sind wir ganz sicher. Die Hauptsache aber ist, dass er wieder zu seiner Familie heimkehren konnte, und das gönnen wir ihm von Herzen.

Im Nachhinein haben wir erfahren, dass die polnischen Zwangsarbeiter nach dem Einmarsch der Franzosen unsere Siedlung an allen vier Ecken in Brand stecken wollten. Ein Eckhaus davon wäre unseres gewesen. Doch haben viele von ihnen, die zuvor bei deutschen Familien arbeiteten und gut behandelt wurden, das verhindert. Zu ihnen gehörte auch unser Domanski!

Nun ist es so weit: Onkel Eugen verlässt uns. Meine Angst, es würde einen ganz traurigen Abschied geben, war unbegründet. Onkel Eugen strahlt, und die Freude, zu seiner Martha ziehen zu dürfen, steht ihm ins Gesicht geschrieben. Mutter und Tante Anna freuen sich mit ihm. Sie gönnen ihm von Herzen ein freies, friedvolles Zusammenleben mit seiner Liebsten.

Trotz aller Freude wird Mutter Eugen sehr vermissen, denn er war eine große Hilfe für sie. Ich aber kann das alles noch nicht richtig glauben. Erst als er mich in die Arme nimmt, mich drückt und küsst, wird mir klar, dass dies ein Abschied ist. »Auf Wiedersehen, mein kleiner Schatz«, sagt Onkel Eugen. Jetzt ist es mit meiner Beherrschung vorbei. Ich muss weinen wie ein kleines Kind, was ich eigentlich überhaupt nicht wollte. Er drückt mich lange und tröstet mich mit einem baldigen Wiedersehen, und die Tränen fließen unaufhörlich.

Auf einmal ist mir diese Martha ganz und gar unsympathisch. Ja, ich bin richtig wütend auf sie, weil sie mir meinen Onkel einfach wegnimmt. Hätte er sie nur nie getroffen!

Noch ein paar liebe Worte für mich, und Onkel Eugen verabschiedet sich von Mutter und von Tante Anna. Gute Wünsche beiderseits, herzliche Umarmungen und mit einem »auf Wiedersehen, bleibt alle gesund« verlässt er unser Haus. Wir winken ihm noch nach, er winkt zurück. Und ich bin einfach nur traurig!

Mein lieber Onkel Eugen ist fort, unsere polnischen Gäste sind fort, jetzt sind wir drei »Damen« wieder unter uns. Nun muss Mutter wieder für alle da sein. Sie geht aufs Neue zu den Bauern und hilft auf den Feldern, sie hilft in fremden Haushalten, dazu der Garten, die Tiere, dieses schreckliche Ährenlesen und außerdem das Kartoffeln-Nachlesen, es geht alles so weiter wie in den vergangenen Jahren.

Tante Anna und ich helfen natürlich, so gut wir können, doch für Mutter ist trotz unserer Hilfe alles eine Riesenbelastung. Mutter sagt, dass das schon zu bewältigen sei, gerade jetzt, da wir normale, freie Menschen und keine bespitzelten Außenseiter mehr sind.

So geht das Leben weiter in der Hoffnung auf ein baldiges Wiedersehen mit meinem Vater und meinem Bruder.

Nachtrag

Tante Anna zog Anfang 1946 wieder in ihr geliebtes Stuttgart. Ihre Wohnung war von den Bombenangriffen verschont geblieben, was ein großes Glück war in dieser Trümmerstadt.

Mein Bruder kam Ende 1946 gesund und munter aus der Gefangenschaft zurück. Er hat das Kriegsende auf seinem Heimatstützpunkt in Wilhelmshaven erlebt.

Mein Vater kam Ende 1947 braungebrannt aus Ägypten nach Hause. Nach seiner nächtlichen Fahnenflucht in Griechenland hatte er sich im Morgengrauen auf einem Feld in einer unübersichtlichen Senke versteckt. Von dort aus sah er im Lauf des Tages einen Schäfer mit seiner Herde auf sein Versteck zukommen. Mein Vater machte sich bemerkbar, und der Schäfer kam näher. Vater erklärte ihm seine Lage, und der Schäfer bot ihm Hilfe an. Er schlug Vater vor, sich wieder in sein Versteck zurückzuziehen und dort auf ihn zu warten. Nun ging der Schäfer zurück in sein Dorf, holte dort einen Schäfermantel, brachte ihn dann meinem Vater, und nun gingen beide als zwei Schäfer miteinander ins Dorf. Dort vermittelte der echte Schäfer dem falschen Schäfer eine Unterkunft bei einer Bauernfamilie. Bei dieser arbeitete Vater so lange, bis er von den Engländern aufgegriffen wurde und nach Ägypten in Gefangenschaft kam. Bei seiner griechischen Bauernfamilie wurde Vater sehr gut behandelt. Und von ihr stammten auch all die wunderbaren Sachen, die er uns in seinem Paket geschickt hat.

Der Brief von Tante Anna mit der Nachricht über den Herrenbesuch bei Mutter hat Vater auch erreicht, aber das hatte ihn ja nicht überrascht. Er hat nur die ganze Zeit gehofft, dass nichts schiefgeht durch Tante Annas Anwesenheit bei uns.

Nun waren wir wieder eine glückliche Familie. Doch wird allen, die an unserem Schicksal irgendwie Anteil hatten, die schwere Zeit unvergesslich bleiben. So lange hat das Glück uns die Treue gehalten!

Unser Nachbar, Herr Weber, kam 1947 auch wieder aus der Gefangenschaft heim. Auch er hat geschwiegen! Er hatte eine behinderte Tochter und nach dem Tod seiner Frau in hohem Alter habe ich den beiden viel geholfen und Gutes getan als »Dankeschön« für sein Schweigen.

Onkel Eugens Freundin Martha wurde tatsächlich meine Tante. Die beiden haben geheiratet, wohnten in einem schmucken Häuschen, bekamen drei gesunde Kinder und führten eine harmonische Ehe. Bei ihnen habe ich bei vielen Besuchen während meiner Jugendzeit unvergessliche Stunden und Tage erleben dürfen. Wir gingen oft zusammen im nahen Neckar schwimmen, wobei Onkel Eugen Fische fing, was oft sehr lustig war.

Den Traum, mit dem Onkel Eugen in seiner Höhle so intensiv umgegangen ist, hat er sich erfüllt. Er baute Geigen, was mich, wenn ich ihm dabei zuschauen konnte, unglaublich fasziniert hat. Abends musizierten die beiden. Tante Martha spielte Klavier, Onkel Eugen Geige oder Akkordeon. Es war die reinste Romantik.

Natürlich hat Onkel Eugen sein Versprechen, uns öfters zu besuchen, auch gehalten. Es waren immer schöne Stunden, wenn unsere Familien beieinander waren. Wir haben uns die Treue gehalten bis ins hohe Alter.

Onkel Eugen starb nach kurzer Krankheit am 27. Mai 1984 mit 80 Jahren an meinem 50. Geburtstag.

Mein Vater starb ganz unerwartet schon im 72. Lebensjahr.

Meine tapfere Mutter starb im 87. Lebensjahr. Ich habe sie in ihren letzten Lebensmonaten liebevoll gepflegt. So ist sie bei uns, in ihrem geliebten Zuhause, für immer eingeschlafen.